JN160437

# 裸足で逃げる

沖縄の夜の街の少女たち

上間陽子

太田出版

# 裸足で逃げる

沖縄の夜の街の少女たち

# 目次

写真　岡本尚文
ブックデザイン　鈴木成一デザイン室

# まえがき——沖縄に帰る

一〇年近く前、私は大学の教員の仕事を得て、生まれ育った沖縄に帰ってきた。

就職したのは教員を養成する学部だったが、大学の仕事の一方で、私的な、あるいは公的なスーパーバイザーの仕事として、暴力の被害者である未成年の子どもたちに関する相談を請けおうようになった。

ある日、学校やNPO団体などから「おりいってご相談したいことがあります」と、連絡が入る。——親から暴言を吐かれて家にいられない子どもがいるが、児童相談所に、その程度で保護はできないと断わられたがどうしたらいいか。援助交際をしているという噂があるが、本人にどう尋ねたらいいか。生徒がレイプされたらしいのだが、どう対応したらいいか。きょうだいがみんなそろって不登校で、姉にあたる子がきょうだいの面倒を見ていることがわかったが、どうしたらいいか。
虐待、少女買春、強姦、ネグレクトゆえの不登校などの相談がひとつ入ると、矢継ぎ早にやらなくてはならないことが出てくる。残しておくべき証拠の確認、児童相談所や医療機関の紹介、何よりもその子どもとどう話すか、保護者とどう話すかを相談し、今日から明日にかけての近い見通しと、半年くらい先までの遠い見通しを立てる。起きたことがらによって、行うべき取り組みは異なる。それでも、暴力を受けるという意味を理解することは、それから長く続く支援の入り口にあって必要不可欠なことだった。

私たちは生まれたときから、身体を清潔にされ、なでられ、いたわられることで成長する。だから身体は、そのひとの存在が祝福された記憶をとどめている。その身体が、おさえつけられ、なぐられ、懇願しても泣き叫んでもそれがやまぬ状況、それが、暴力が行使されるときだ。そのため暴力を受けるということは、そのひとが自分を大切に思う気持ちを徹底的に破壊してしまう。

それでも多くのひとは、膝《ひざ》がくがくと震えるような気持ちでそこから逃げ出したひとの気持ちがわからない。そして、そこからはじまる自分を否定する日々がわからない。だからこそ私たちは、暴力を受けたひとのそばに立たなくてはならない。そうでなければ、支援は続けられない。

被害を受けている子どもの多くは、困窮し孤立した家族のなかで育っている。生活が困窮するということは、ひとなみの日常を送るのが著しく困難になるということだ。そのためそこで暮らすひとびとの自尊心は、傷つきやすい状態に置かれてしまう。そこではほんの些細な出来事で暴力が発動する。暴力はさまざまなものに姿を変えるが、弱いものの身体に照準を合わせて姿をあらわす。暴力は循環し、世代を超えて連鎖する。

ひとつの事実を知ることは、薄皮を剝《む》くようにあらわれる別の事実を知ることでもある。その家族の内部では、強いものが弱いものに暴力をふるっていた。暴力をふるわれたものは、自分より弱いものに暴力をふるっていた。子どもたちは、逃げられる年齢になったらそこから逃げていた。逃げられないものは、そこにとどまっていた。

数々の暴力が明らかにされる過程で、相談をもちかけてきたほかならぬそのひとがうちのめされるときがある。子どもを助けたいと思っていたはずのそのひとの口から、この子は変わらない、この家族は怠惰だ、事態が難しいなどの言葉が発せられる。そのときに、暴力を受けるということがもたらすものについて、もう一度話し合う。破壊されているのは、いま、そこにある身体だけではないこと、これまで大事にされた記憶や自分のことを大事だと思う気持ちが壊されていること、投げやりな言動の背後には、深い孤独感や無念さがあることを話し合う。

そのように読み解けたとき、そのひとはふたたび子どものそばに踏みとどまろうとする。簡単なことではない。それでもだれかがやらないといけないことだと、腹をくくって。

でも、そんなひとはどれくらいいるのだろうか？


子どもと毎日一緒に過ごしているはずの、日本の教師の働く時間は、ＯＥＣＤ諸国のなかで最長となっている。さらに全国学力・学習状況調査の影響もあって、学校現場は管理統制を強めている。沖縄の子どもたちの相対的貧困率は、およそ三割との発表がなされているが、教師には、子どもとその生活について語り合う時間がない。いや、それは正確ではないだろう。子どもと語り合うことがなくても、教師のルーティンはまわる。だから多くの教師は、子どもたちにその生活を尋ねない。

相談をもちこむひとは、禍々《まがまが》しい暴力の実態にうちのめされながらも、子どもの話を聞き続ける力があった。それが示すもうひとつの事実は、子どもに尋ねることができないひとのもとでは、子どもの現実は明らかにされないということだ。

だから私は相談を受けるたびに、表には出ていない、隠された存在の子どもたちがいると思い続けてきた。だれにも話を聞いてもらえずに、ひとりで夜をやりすごしている子どもたちが、まだどこかに存在している。

実際に、沖縄では子どもが巻き込まれた事件がいくつも報道されている。集団レイプ事件、監禁されそうになった少女、集団暴行事件、少女買春事件、新聞にはそうした記事がならんでいる。

＊

沖縄で、風俗業界で仕事をする女性たちの調査をはじめようと思ったのは二〇一一年だった。

沖縄の風俗業界には、未成年のときから働き出した女性たちがいると伝え聞いていた。年若くして夜の街に押し出された彼女たちがどのような家族のもとで育ち、どのように生活をしているかがわかれば、暴力の被害者になってしまう子どもたちの生活について話し、それを支援する方法について考えることができるのではないだろうか。

風俗業界に出入りする調査は、打越正行《うちこしまさゆき》さんとでなければできないと思った。沖縄の暴走族の若者をほぼ網羅し、かれらと一緒に、沖縄の主要道路五八号線を走る打越さんの調査はすさまじかった。そうした調査を可能にしているのは、だれとでもくつろいだ顔をして時間を過ごすことのできる、フィールドワーカーとしての稀有な才能があるからだと私は思い続けてきた。

ちょうど同じころ、打越さんからも声をかけてもらって、二〇一二年の春にファンド（日本学術振興会若手研究B「沖縄地方のリスク層の若者の移行状況に関する聞き取り調査」二〇一二年-二〇一三年、のちに基盤研究C「沖縄における貧困と教育の総合的調査研究」二〇一四年-二〇一六年）を得ることが決まった。

二〇一二年の夏、私たちは調査を開始した。

話を聞かせてもらったのは一〇代から二〇代のキャバクラや風俗店で働いている女性たちで、子どもをもっているひとがほとんどだった。彼女たちは一〇代で子どもを産み、パートナーと別れたあと、ひとりで子どもを育てるために夜の業界で仕事をしていた。

そうやって夜の街を歩くようになってから、私は昔の出来事を思い出すようになった。最初は友だちの手のひらを思い出した。その次は隣でさらさらと揺れていた髪の毛を思い出した。どれも中学生のころ、私の近くにあったものだ。

話を聞いた女性たちはみんな、私の中学時代の友だちの面影を宿していた。

＊

私は、米軍基地のフェンスに囲まれた、大きな繁華街のある街で大きくなった。

私が通っていた中学校は当時荒れている中学校のひとつで、教師の自宅の外壁がスプレーで落書きされたり、教師の車がひっくり返されたり、近くの公園では暴行事件が起きたりしていた。

荒れている中学校だったからか、これ以上荒れさせるわけにはいかないと教師たちが考えたからか、小さな校則違反もすべて取り締まりの対象になっていて、靴下の色がちがう、髪の毛の長さがちがう、スカート丈《たけ》がちがうといって、教師たちはよく身なりの指導をした。私たちのグループの短いスカートと先輩直伝のネクタイの結び方は、教師たちから徹底的にマークされていた。私たちは教師に何度もなぐられたが、なぐられることで前よりも結束が固くなった。そうやって私たちは仲良くなった。

でも学校のなかだけで過ごすたわいのない時間は、そんなに長く続かなかったようにも思う。

冬休みになったころ、グループのリーダーだった加奈《かな》と、自分の家が大嫌いな早苗《さなえ》が家出をする騒ぎが起こった。

家出の前日に早苗から連絡があって、「お父さんから電話があっても、どこに行ったか知らないっていっていって」と釘《くぎ》をさされた。早苗の父親は、子どもを拳《こぶし》でなぐるひとだった。

家出した翌日の午後、ふたりは私の家に連れ立ってやってきた。

自分の部屋にふたりをまねきいれて、わくわくしながら昨日の夜のことを尋ねる。早苗はうわずった声で、暴走族を見るために繁華街に出かけたこと、そこで数人の年上の男性にナンパされて、そのひとりから連絡先をもらったと話した。加奈のほうは青ざめて、しんと静まりかえっていた。

しばらくたってから、身体がベトベトすると加奈がいった。そして、いま考えているのは、とにかくお風呂に入りたいっていうことといった。いいよと返事をし、お風呂を沸《わ》かしバスタオルを用意してから、どっちから入る？　と聞いたら、早苗からと加奈がいった。加奈のほうがお風呂に入りたがっていたのにと思いながら、早苗をお風呂に案内した。加奈とふたりきりになってから、なにか飲む？　と尋ねると、加奈は「ココア」といった。

小さなキッチンに移動して、加奈を椅子に座らせてココアをつくった。私はココアを上手にいれることができる。小さな鍋をとろ火にかけて、ココアを練ってミルクでのばすと、とっても美味しいココアになる。

マグカップにたっぷりココアをそそいで、砂糖をいれて、刻んだマシュマロを浮かべて出した。

加奈は両手でカップを包みこむようにして、ゆっくりココアを飲んだ。

それから真夜中の出来事を話しはじめた。――昨日、知らない男たちに声をかけられてその車に乗せられたこと、そして早苗が、そのなかのひとりとセックスをしたこと、自分も別の男に誘われたけれどなんとかそれを断わって車の外にいたこと、早苗と知らない男が乗った車をずっと外で見ていたこと、そしていまは、早苗のことを気持ち悪いと思っていること。

加奈の声は途切れがちだった。私も黙っていた。どう答えていいのかまったくわからなかったからだ。

話し終わってぼんやりしている加奈に、疲れていると思うから、今日は自分のおうちでご飯を食べて、ゆっくり自分の部屋で眠ったほうがいいよといった。うちのお母さんに電話をかけてもらって、おうちのひとに迎えに来てもらおうよ。

私がそう話すと、加奈は困ったような顔になった。

早苗がお風呂からあがり、入れ違いで加奈がお風呂に入った。早苗はキッチンにやってくると小声で、「もう、おうちに帰りたい」といった。

私は、ふたりの家に電話をかけてほしいと母親にお願いした。

早苗の父親はすぐに迎えに来た。庭先で大人ふたりが話をして、いつの間にか早苗の父親が加奈を家まで送っていくことが決まっていた。

早苗は助手席に、加奈は車の後部座席に乗り込んだ。車を見送ると、外はもう真っ暗になっていた。

ふたりが帰ってから、私は、どうして加奈の家のひとは迎えに来なかったのか母親に尋ねた。加奈の家に電話をかけた母親は、「おうちのひとは、加奈がいないことに気がついていなかったよ」といった。そして、「迎えに来てほしいとお願いしたら、ひとりで帰してくださいといわれた」と話した。一晩中、加奈がいないのに気がつかないってどういうこと、外はもう真っ暗なのに迎えに来ないってなんでなのと私が怒ると、「いろんなおうちがあるよ」といわれた。それから、あなたが知らないような暮らし、あなたが知らないことがいっぱいあると母親は続けた。教員をしていた母親は、クラスの子どもの家に足繁く通い、長い休みのときには、食べ物をもって子どもたちの家を訪ねるひとだった。

でも私は「いろんなおうち」のことなど、知りたいとは思わなかった。あんなにくたくたに疲れ果てて、一晩中歩き通して、知らない男の車に乗せられて、その車でセックスをさせられるなんてまっぴらだ。揺れる車を眺めながら、次は自分の番かもしれないと思っていた加奈はかわいそうだ。

＊

早苗は、車でセックスをした相手とあれから二回会ったけど、すぐに連絡がとれなくなったといった。

加奈は初めてシンナーを吸ったあと、やっぱり私の家にやってきて、その日のことを私に話した。一緒にシンナーを吸った先輩が、「お母さん、お母さん」って泣いたんだよ。ずっとずっと、泣いていた。

それまではかっこいいと思っていた先輩も、ずっと憧れていた加奈も、ただただかっこ悪かった。

そのときは幻滅しただけだった。だけどこれを書いているいま、あのとき、加奈も泣いていたのかもしれないと私は思っている。この出来事からしばらくあとに、加奈は母親を亡くして私たちの前から姿を消した。

それからもいろんなことがあった。

女の子たちの疲れた顔を見ることに、私は次第にうんざりするようになっていた。

彼女たちの家の話をひとつひとつ知るたびに、私のなかにある、明るく光るものが壊れていくような気がしていた。

私たちの街は、暴力を孕《はら》んでいる。そしてそれは、女の子たちにふりそそぐ。

中学三年生になる直前、私は地元を離れようと思った。できるだけ遠くに行くこと、煙草やシンナーの匂いから遠く離れること。親が公務員や教員をしている子たちは、地元から遠く離れた進学校に行く。そうやって移動して、知らないひとたちのなかで新しい生活をつくっていくことはそんなに悪いことではない。疲れ果てた女の子たちの顔を見るのはもうたくさんだ。

私はひとりで塾を探して、そこに通った。一年間必死に勉強して、第一志望だった高校に合格した。そして一五歳のときに、地元を捨てた。

*

私はそれから高校生になり、大学生になり、大学院生になり、教育について考えることをなりわいにするようになった。

東京では調査ばかりしていた。女子高校や小学校のひとつの学級に通い続けてデータをとるスクールエスノグラフィー、高校を卒業したあとの継続的なインタビュー調査、児童・生徒の学校・生活に関する統計調査など、採用した方法はどれもばらばらだが、どの調査でもたいてい女の子たちの友人関係や大人になることをテーマにしてきた。

東京でも、学校から駅までの長い道のり、インタビューが終わったあとのマクドナルドや自販機の前、家に帰ってからの電話やメール、泊めてもらったその子の部屋で、家族や恋人との葛藤やDV、犯罪に関係してしまったこと、妊娠・中絶にまつわる悩みを聞いた。

私がずっと女の子が大人になるプロセスを追ってきたのは、地元の女の子たちのことがあったからだと思う。あのまま地元にいたら、私はだれと友だちでいて、だれと生きようとしたのだろう。なぜ女の子たちは、自分で選びとりながら、結局は不自由なところに押し込められてしまうのだろう。大人になることをいくらでも延長できるような生活を私自身は送りながら、そうした一方で、あっという間に大人になっていく女の子たちのことを考えてきた。

沖縄で行ったこの調査もまた、これまでの調査の延長線上にある。尋ねたことや、調査で知り合った女の子との関係のつくり方にはそんなに大きなちがいはない。それでもこれまでは、彼女たちからもちこまれた深刻な相談に深く踏み込んで、一緒に行動することはなかった。だが今回の調査では、必要があると思ったときには直接の支援や介入を行うことにした。

そのように踏み込むようになったのは、私が調査の経験を積むことで、彼女たちが遭遇するであろう、次の危機を予測することができるようになったからかもしれない。いや、やはりそれはちがっている。私には、地元の街でだれかの姿を見失うことをもう二度と繰り返したくない、という強い思いがあった。

聞き取りでは、彼女たちが指定する職場や馴染みの店などに出向き、ＩＣレコーダーで録音しながら、子どものころの出来事、仕事のこと、家族やパートナーとの関係、子どもをどのように育てているのかなどを聞いた。音声をすべて文字のデータにしたトランスクリプトを作成したあと、ふたたび会って記録をすべて確認してもらった。フィールドノーツのデータ、メールや手紙の内容は、彼女たちの許可を得て使用している。

必ずしも全員ではないが、そのひとの目の前で完成した原稿を音読し、それについての意見や感想を聞かせてもらい、そのうえで、一緒に仮名を考え、プライバシーを保護する観点から削除・変更する箇所を決めた。

連絡のとり方はひとによってさまざまだが、ＬＩＮＥ・メール・本人から申請があったときはフェイスブックでのやりとり、郵送された手紙を本人からもらったときには同じように郵送での手紙によるやりとりをしている。家族や子ども、恋人や友だち、同じ職場で働くひとにもお会いして、何人かのひとにはインタビューもさせてもらっている。

一五歳のときに、捨てようと思った街に私は帰ってきた。今度こそここに立って、女の子たちのことを書き記したい。

これは、私の街の女の子たちが、家族や恋人や知らない男たちから暴力を受けながら育ち、そこからひとりで逃げて、自分の居場所をつくりあげていくまでの物語だ。

二〇一二年の夏から二〇一六年の夏までの、四年間の調査の記録である。

# キャバ嬢になること

沖縄への赴任が決まったときに、先輩の研究者にいわれた言葉がある。土地勘のあるところで仕事をするということは、よい仕事をするための大事な条件になると思いますよ。憧れの研究者にそのようにいわれて、がんばりますがんばりますとへらへら笑って、私は沖縄に帰ってきた。

東京で調査をしていたころは、よく迷子になって街をさまよった。でも、子どものころから知っている街を歩くことの多いこの調査では、私は取材相手の指定する待ち合わせの場所に、ほとんど迷わずたどりつく。

風俗店のオーナーに初めて電話をかけたときに、取材するんだったら夜九時半にひとりで店に来て、まぁ、ひとりが怖いんだったら、新聞記者とか大学生とかを連れてきてもいいけど、といわれたことがある。あ、あのビル、知っているよ、駐車場どうしようかな、いったん店の前にとめてもいい？　と尋ねると、突然敬語になって、待っています、気をつけて来てくださいといわれたりした。

女のひとたちが働いている店と、住んでいる家との移動時間もほぼ正確にわかる。そしてその移動時間が、地元との距離をどのようにとりたいと思っているかのあらわれであり、女のひとたちと地元コミュニティとの関係が体現されたものであると気がつくのに、そう時間はかからなかった。

東京でもずっと調査をしてきたが、こうしたことは、そのときの感覚とはまったくちがうものだった。あぁ、これが土地勘ってやつだと、東京を離れるときにいわれた言葉を思い出した。

＊

優歌《ゆうか》とは、二〇一二年の盆夏に知り合った。

初めて会ったころ二〇歳だった優歌は、数日間キャバクラで体験入店をしてお金を稼ぐと仕事をやめて、そのお金がなくなると別の店で働くことを繰り返していた。自分のことを「スーパーニート」と称し、キャバ嬢という自覚はほとんどないし、実家で暮らしているのでそんなにお金がかからないと話していた。

優歌の家族は、建築業の父親と清掃業をしている母親と、兄と義理の姉とその子どもと優歌の六人だった。一家は六人で2DKのアパートに暮らしていたが、優歌はほとんどその家にいなかった。優歌は、好きになった男性がいるとすぐに相手の家に転がりこみ、別れると実家に戻る生活を繰り返していた。

実家に戻ったら、部屋の片隅で毛布にくるまって携帯電話をいじりながら過ごすという優歌に、「あれー、優歌、自分の部屋あったっけ?」と尋ねると、「お父さんとお母さんと眠る部屋が、優歌の部屋。でも、まぁ、どこであっても、そこで眠ることができる」と優歌は話し、いまの生活を、「毎日、自由で楽しい」といった。

優歌には以前、子どもがいた。一六歳で妊娠して結婚し、一七歳で男の子をひとり産んだのだという。子どもが生まれたあと、つくったご飯を目の前で夫にゴミ箱に捨てられ、夫の仕事着を洗うと舌打ちをされ最初から洗濯のやり直しをさせられる日々のなかで、あるとき、包丁を取り出して夫に斬りかかろうとして離婚された。

それまで優歌がひとりで面倒を見ていた子どもは優歌が引き取るはずだった。だが、夫の母親が自分の親族のユタ（沖縄の民間信仰の司祭）と連れ立ってやってきて、優歌の家に子どもがいると一族に問題が起こると神様のお告げがあったといって、八カ月になったばかりの優歌の子どもを連れて行ってしまった。だから優歌は、ひとりで実家に帰った。

優歌が一八歳のときのことだ。

何度か会ううちに、優歌は自分の生い立ちや結婚生活を少しずつ語るようになっていった。いま、いとこたちと一緒に走り屋のチームをやっていてそれが楽しみであること、そのいとこたちとは子どものころからいつも一緒にいて、自分には女友だちが小学生のときからひとりもいないこと、家に帰るとランドセルを置いてすぐに近所のいとこの俊也《しゅんや》の家に行っていたこと、初めてのセックスのあとはいとこの玲斗《れいと》に話したこと、一六歳のとき、妊娠したかもしれないと思って真っ先に相談したのはやっぱり玲斗だったこと、妊娠検査薬で調べたら妊娠していて結婚することが決まったこと、新婚生活は夫の祖父母宅ではじめたこと、アル中になっていた祖父がお風呂をのぞきにきたこと、その家が嫌でしょうがないといってアパートを借りて夫とふたりで暮らすことが決まったこと、ふたりで暮らしはじめたアパートの家賃は三万六〇〇〇円で部屋が二部屋もあったこと、立ち会い出産させたけど育児に協力してもらったことはなかったこと、子どもの名前はミズキにしたこと、夜泣きするミズキをいつも自分のおなかの上に乗せて眠っていたこと、ミズキは女の子にしか見えなかったから、ピンク色のキティちゃんの洋服しか着せていなかったこと。

一緒に産婦人科に行ったときに、そばにいたはずの優歌がいなくなり、探しまわると新生児室の前で口をぽかんとあけて立ち尽くしている優歌を見つけたことがある。「優歌」と声をかけると、窓を隔《へだ》てたところにいるたくさんの新生児を前にして、「やばい、かわいい、連れて帰りたい」と優歌はつぶやいた。少し迷ってから、「ミズキは小さかった?」と尋ねると、「産まれたときはあれくらいだった」と優歌はひとりの子どもを指差した。

＊

子どもの話を優歌が泣きながらしたのは、秋になってからだ。打越さんが沖縄に戻ってきていたので三人で会うことになり、一緒にランチを食べていた店で、「先週、ミズキの誕生日だったわけ」と、優歌は突然話しはじめた。「起きたら、お義母さんがいて、今日、ミズキの誕生会だから、あんたも来なさい」と、誕生日パーティーに優歌を招待し説教をはじめたのだという。

なんでそこに（お義母さんが）いるかもわからない。何をいわれているかもわからない。誕生日に来なさいっていわれたけど、お母さんだけ行くことになって。

——優歌は行かんかったの？

寝てた。

——だれが写メ撮った？

お母さん。（中略）お母さんに（ミズキの写真を）「撮ってきて」ってメールいれてそれでなんか撮ってもらった。…………ご飯食べながらひとりで泣いた。

――なんで？

なんか会いたくなった。いきなりと。

――どのくらい泣いていた？

丸一日泣いていたはず、あの日。この義母さん来たとき、なんで来ているかもわからんさ（中略）。そこから泣きながら、運転しながらシェーキーズに行って、ピザ食べてた。

――ん？　だれと？

みんなと。

――みんなの前で、じゃあ泣いてたの？

うん。

——ちゃあ泣きぃ（＝ずっと涙を流している状態）？

うん。シェーキーズで泣いていた。

——チームのひと、どんなしてたの？

もう笑っていた。

——ただ、ぼろぼろ泣いてたわけ？

うん。だけど、サングラスかけていたから、わかんなかったんじゃゃん、みんな。

（二〇一二年一一月一二日）

いっそ泣き叫んでくれたらいいのに、と思いながら優歌の話を聞いていた。目の前で、声を出さずにただ涙だけを流している優歌は、まだ二〇歳だった。

＊

二〇一三年の春、優歌に新しい恋人ができた。

今度の恋人は龍輝《りゅうき》といって、五歳年上で鳶《とび》をしているバツイチの男性だという。「龍輝は友だちに自分のことを紹介してくれたよ」と嬉しそうに報告する優歌の話を楽しんで聞いていたが、そののろけ話が、自分の煙草を龍輝の吸う煙草の銘柄に変えたこと、龍輝の束縛が激しくて、最近は着ていく服や髪型にまで口を出してくるという話になるのにしたがって、だんだん指先が冷たくなっていく。

「優歌、こういうやつはさ、DVとかやりがちだから、私、顔見せておこうね」と優歌にいう。「うーん」と優歌はいい、「あいつ、前の妻《トウジ》、二回、病院送りにしているよ」とつぶやいた。

途中でお土産を買ってから、Aにあるという龍輝の実家まで優歌を送り届ける。龍輝にあいさつをして、働いている現場の場所と会社の名前を聞き出して、もしも優歌に何かあったときには、どこにつなぐかを考えながら車を出す。

優歌から深夜に電話がかかってきたのは、ゴールデンウィークだった。それまで連絡が来ることはあっても、それが深夜の電話だったことはなかった。だからそれは、龍輝から暴行を受けて、行くあてがなくなった連絡かもしれないと覚悟しながら、優歌と会う。

薬局の駐車場で落ちあった優歌に怪我はなくて、とりあえずほっとする。優歌に話したいことがあるから静かなところに行きたいといわれるが、あいている店がなくて、結局、騒がしい居酒屋に入ることになった。

店のひとに煙草を注文したときに優歌が財布から取り出した千円札は、財布の奥に小さく折りたたまれて、隠れるように入っていた。じっとお金を見た私に、「びっくりした？」と優歌は笑うと、「龍輝がお金を抜き取っていくってば」といって、煙草の箱をあけた。

煙草を吸い続ける優歌とぽつりぽつり、ゴールデンウィークの話をする。龍輝の親戚が来ていたので、ずっとひとりで龍輝の部屋に隠れるようにして過ごしていたと、そして、嫌なことがあったと優歌は話し出す。

親戚の子どもが部屋に勝手に入ってきて、クワガタを決闘させるっていって、決闘させて、部屋、汚して、土だらけにして、そしたら、あいつ、帰ってきて、「部屋片付けろ」って怒鳴って、ひとりで部屋片付けた。

――優歌が汚したんじゃないのに？

うん。………クワガタ、一匹は、もう、死にがたぁ（＝死にそうに）なっている、決闘させられて。

――クワガタはどうしたの。

お父からもらった。この前、実家帰って、ご飯食べて、「またAに行く」っていったら、お父に、「クワガタもっていけ」ってもたされた。……意味わからん。わかる？

――お父さんさー、龍輝が元妻、暴行したこと知っているんじゃない？

うん、わかるはず。にぃにぃが話した。

――「龍輝のところに行くな」っていっても、聞く娘《こ》じゃないからさー、お父さん、仕方なく自分の代わりにクワガタもたせたんじゃないの。

そうかな。

（二〇一三年五月五日）


そうだよ、ばか、と優歌にいった。

私は怒っていた。

クワガタを決闘させるときは、あらかじめクワガタの頭部を執拗《しつよう》に突いて怒らせる。そのあと狭いところにいれられたクワガタは、いつもは攻撃しない仲間のクワガタを攻撃する。弱いクワガタは、どんなに逃げても強いクワガタの前に連れ戻される。そうやって弱いクワガタは、どんどん弱って死んでいく。

建築業界で働く男のひとたちは、クワガタが集まる木をよく知っていて、夏になると早起きして子どもをそこに連れて行く。なかには子どもととってきたクワガタを、決闘させないで大切に飼い続けたりする男のひともいて、そういう男のひとの家には小さな生き物がいつもいる。優歌の実家のアパートには、優歌の父親が飼っているクワガタや金魚やメジロがたくさんいて、みんなふくふく育っている。

優歌の父親は、娘が一緒に暮らしている男がＤＶの常習犯であることは知っている。でも優歌の父親には、娘がそこに行くことをとめる財力もネットワークもない。だから優歌の父親は、いつかなぐられてしまうかもしれない娘のそばに、自分が育てているクワガタを置くことしかできない。

　クワガタを決闘させる知らない男の子たちにも、女をなぐる龍輝にも、その男と別れることのできない優歌にも腹が立った。別れ際の駐車場で、優歌が少し涙目になっていることには気がついたが、じゃーね、ばいばいと手をふって私はさっさと別れた。

　高速道路のインターチェンジを過ぎてから、少し冷静になる。そしてもう一度最初から考えはじめる。今日、優歌の様子はおかしかった。優歌の指定した待ち合わせ場所は薬局だった。トイレが外付けになっているあの薬局だったということは、妊娠検査薬を買って一緒に確かめたいということだったのではないか。今日の私には、何かいいだせない雰囲気があって、優歌は話すことができなかったのかもしれない。仕切り直しだ。明日は動けるようにしておいたほうがよいと考え、少し早めに眠りにつく。

　しかし翌朝、優歌からではなく、優歌の親戚の葵《あおい》からメールが届いた。優歌が一昨日ひき逃げ事故を起こしたこと、昨夜はそれを話すために私に連絡したこと、でも、そのことをいいだせなかったらしいと書かれていた。葵に電話をかけて、いま、優歌はどこにいるのか尋ねると、Aだよ、でも今朝は葵のメールにも返事が返ってこない、と告げられる。

　優歌の携帯電話に、大丈夫？　昨日は気がつかなくてごめん。葵から連絡あった。

連絡が欲しいとメールを送ると、優歌から返事が届く。昨日は話せなかった、警察に一緒に行ってほしい。一時間で着くからね、Aに迎えに行く、とメールを送り、龍輝の家に車を走らせた。

龍輝の家では、親戚が集まってバーベキューパーティーがはじまるところだった。龍輝の家の隣にある小さな公園では、二〇人近くの大人がビールを飲み、小さな子どもたちが大人のあいだをはしゃぎながら走りまわっていた。

明るい日差しのなかで携帯電話をならすと、黒いジャージを着て、濡れた髪を束ねた化粧気《けしょうっけ》のない優歌が家から出てきて、車に乗り込んだ。

――なんだったら食べられる?

……何も、…………なんでも。

――食べていない?

二日食べていない。

――まず、どっかで食べよう。エンダー（＝Ａ＆Ｗ）のドライブスルーでいい？

うん。

――温かいの、飲ませたいんだけど。

いーよ、オレンジ（ジュース）あったら。

――でもさ。

ファーストフード店で食べ物を受け取って移動し、屋根つきの建物の駐車場に車をとめて、優歌の手にコーヒーが入ったカップを握らせる。温かいものに触れた優歌の顔が緩んでから、できるだけ低い声で話しかける。

――優歌、何があったか、ゆっくりでいいから話してごらん。

土曜日に、先輩の病院に行ったわけ。赤ちゃんが生まれて。前に堕《お》ろしたことがあった先輩だから。顔見せて、Ａまで帰ろうとしていたんだけど、一週間、眠ってなくて、あいつ、家に帰ってこないから、それを待っていて眠っていなかったわけ。……Ａのほうに新しい道できているさ？　見通しのいいまっすぐの道。あそこに行ったら近道だからって通ったら、ずっと眠っていないから、たぶんぼーっとしていて。………左から合流するところで、バイクをはねた。………飛んで、バイクもひとも、でも、怖くて怖くなって、逃げてしまった。…………目を閉じたら、映像が浮かんで、眠れなくて。でも、やっぱり、警察に行かないといけないと思って（中略）。

――警察に行って、いまの話、もう一回話せそう？

うん。

――もしそのまま警察（に勾留）ってなったらさ、なんて話したらいい？　龍輝と、お父さんとお母さんに。

自分で話したい。龍輝にも、お父にも。龍輝の車だわけ、だから。その話をして謝らないといけない。

——うん、警察にお願いしてみようね。でも、だめだったら、私が話してもいい？　お父さんに会って、龍輝の家から、お父さんのところにクワガタ連れて帰るね。お父さんにクワガタ、いまは怪我しているけど元気にしてってお願いするね。

うん。うん。

（二〇一三年五月六日）

警察に向かう車内で、もう一度最初から話すことを練習する。警察に着いてからも時間をかけて事情を話して、ようやく事情聴取と調書の作成を済ませてから、相手の様子を教えてもらう。「入院はしていますが、怪我が軽くて命に別状はないです。身体を鍛えているひとで、上手に身体をかばって飛んだので、骨折などはなかったです」と告げられ、少しだけほっとする。

だが、「これから現場検証をします。現場検証はその車のあるAに行って、車を確認してそれから行います」という警察官の声にさっと血の気が引く。

「すいません、今日だけはやめてください。彼女の恋人の名前、龍輝っていうんです。家はAです。前妻の暴行事件、警察も把握していますよね？　いま、家に親戚が集まっていてバーベキューパーティーをしています。親戚が集まっているところで、警察が現場検証をしたら、彼女は絶対、今夜、なぐられます。明日、私がもう一度連れてくるので、今日はこのまま帰してほしい」

長い沈黙のあと確認させてほしいと部屋を出て行った警察官は、戻ってくると、「わかりました、明日、一〇時に現場検証をはじめたいので、それでいいですか？　優歌さん、今夜、自分で恋人に話せますか？　自首は四時二三分に成立しています。明日、必ず来てください」といった。

警察を出て優歌の実家に行く。父親を電話で呼び出してから、実家近くの空き地に車をとめて、駆けつけた父親と優歌が話すのをそばで聞いていた。

優歌の話を聞いた父親が、「悪いことしたら謝りに行かないといけないさ。明日、一緒に行こう」と優しくいうと、優歌は「ごめんなさい、ごめんなさい」としゃがみこんで泣き続けていた。

明日の相談を三人で終えて、父親が家に帰ってしまってからも、優歌はぼんやりしていた。ずっと眠れずに、泣き続けて疲れているのだろう。

そこら中に落ちている煙草の吸い殻をよけて、優歌に石を蹴る。優歌も蹴り返す。

空き地からは優歌の実家のアパートが見える。大きなパパイヤの木がある畑の隣は、いとこの俊也の家で、そこは優歌が毎日出かけた場所でもある。小さなころの優歌は、何度もこの道を行き来しながら大きくなったのだろう。

――畑、いま、だれがやっているの？

お父が少し……。でもやってない。草がぼうぼう。

――パパイヤ（の木）があるね……優歌はここで過ごしてきたんだね？

ここで、ずっと過ごしてきた。俊也たちのおうちに、いつも行って。

――おじいちゃんの畑の階段、使って？

あれは、もう壊れている……板が腐ってる。………ここの道をまわって。……俊也のおうちに行って。

——二分くらい？

一分かな、走ったら。

——みんな、見えるんだね。

うん…………あっちに、滑り台とか、ブランコとかあった。

——ないさ（笑）。

お父が捨てよった、優歌たち、みんなうすまさ（＝ひどく）ぐれてから（笑）。

——あははは。

お父が捨てに行きよった……。

——そりゃね、娘、楽しませようと思ったらブランコ乗って（笑）。

煙草吸って（笑）。……いっつもみんなたまってから、悪いことばっかしてた。……いつもあのひとにくるされてた（＝ひどくなぐられること）。

——あのひと？

にぃにぃ。……家出してから。怖くて家出してから……。あのひとの知り合い、沖縄じゅうにいるわけ。……名護《なご》も、糸満《いとまん》もどこにも。あれこそＤＶ、ＤＶ男。

——うん。

逃げて、いつも逃げて。捕まるさ。またくるされて。それが怖くて、また逃げて。

——うん。

家出するさ、家出して男のところ行っても、にぃにぃに見つけられて、くるされて、それが怖くて、また逃げて……いつも逃げる、いつもだよ。怖くて逃げる。逃げて、くるされる。……なんで私はいつも逃げるかね……。

（二〇一三年五月六日）

実家で暮らしている優歌の兄は、自分の妻にも暴力的に振る舞い、優歌の母親もなぐったことがあるのだという。母親をなぐったあと優歌の兄は父親に家を追い出されたが、戻ってきていまも小さなアパートで一緒に暮らしている。優歌は小さなころから、暴力が起こるタイミングをはかりながら成長し、兄が怒ると、すぐに着替えだけを掴《つか》み、家を飛び出してきたという。

その場から一刻も早く逃げ出すことは、暴力から逃れるために優歌が身につけた方法だった。事故のあと恐怖にかられた優歌は、いつものようにその場から逃げ出して、そうやってひとつのひき逃げ事故が起きてしまった。

龍輝の家に優歌を連れて行ったころには、どっぷりと日が暮れていた。室内の話し合いでは龍輝になぐられる優歌を守ることができないと考えて、龍輝に電話をかけて人目につく駐車場に来てもらった。

それでもやはり、龍輝との話し合いは決裂した。

優歌が警察に行った事情を話し出すと、龍輝は私の目の前で、「はぁ！　やー（＝

おまえ）が犯人か！」「相手のひと、バイク大破したってよ。はぁ？」「かわいそうだろ、ふらー（＝馬鹿野郎）！」と優歌を罵《ののし》りはじめた。家の外の駐車場で、優歌を責めて怒鳴り続ける龍輝は、自分が家に帰らなかったこと、優歌を不安にさせ続けていたことには一言も触れなかった。

そのまま、私は優歌を実家に連れて帰った。

龍輝の家に二カ月住んでいたはずなのに、優歌の荷物は、服とシャンプーとリンスとクワガタだけだった。

＊

翌日の警察の現場検証のあと、優歌は勾留されることなく実家に帰ることになった。相手が被害届けを取り下げること、自首も成立しているので、あとは裁判所からの連絡を待つようにいわれた。

警察から自宅へ帰るとき、優歌は父親の車ではなく、私の車に乗った。優歌の携帯電話の待受画面は、優歌と龍輝がふたりで写った写真から、キティちゃんの待受画面に変わっていた。ふたりはもう会うことはないだろうけれど、優歌が龍輝の暴力に怯《おび》える日々はとりあえず終わって、優歌がゆっくり元気になるといいと私は思っていた。

だが一週間たったころ、優歌から妊娠しているというメールが届いた。これで龍輝とやり直すことができると優歌は思ったのだろう。優歌はふたたび、龍輝の住む街に戻っていった。

龍輝の家に戻った優歌は、何を食べても吐いてしまうなか、帰ってこない龍輝を朝まで待ちながら、ひとりで部屋にこもり続けた。優歌はときどき実家に帰っていたけれど、優歌の妊娠を知った兄が、「優歌が妊婦になった！」と、家族に勝手に話してしまい、それを聞いたお母さんは怒り、優歌とはもう口を利かなくなっていた。

何度か優歌を外に連れ出して、龍輝とは別れたほうがいいんじゃないかと私は話した。「でも、明日は笑ってくれるかもしれない」と優歌はいい、「今日笑わなかったやつは、明日も笑わないよ」と私はいい、「でも」ともう一度優歌はいい、私たちのやりとりは何度も行き来した。

あるとき「子どもがいれば、もう、帰りを待たなくてもいい。ましてや、一匹、連れて行かれたし」と優歌がいった。それを聞いて、あぁ、もういいやと思った。どんな結果になるかはわからない。それでも夜泣きするミズキを乗せて眠っていた優歌のおなかが、今度は中絶手術で空っぽになってしまうのを見るのは嫌だと思った。だから、「わかった。応援する」と私はいった。

六カ月検診が終わったころ、優歌から子どもは順調に大きくなっているという報告と、実家に帰ることを決めたという連絡を出張先で受け取った。龍輝が家に戻らないこと、ひとりで部屋にいるときに龍輝の父親に文句をいわれたこと、いよいよ貯金が底をついてしまったので出産に備えてふたたびキャバクラで仕事をはじめることにしたということが書かれていた。

翌日の夜、優歌から「六カ月で堕ろすの、いくらになるのかなぁ？」というメールが届いた。優歌は、ほんとうに悲しいことがあって、そこで起こっていることをうまく消化できないときにそういう言葉を使う。感情を一切消去した言葉で、自分に起こっていることを伝えようとする。「お金、三〇万円かかるよ」「お金もだけど、中期中絶だから出産と同じ措置をしないといけなくて、いまの病院ではできない」「優歌、何があった？」とメールを送ると、しばらくたって優歌から電話がかかってきた。

龍輝から「お金もないし、やっぱり幸せにもなれそうにもないから、子ども堕ろして」ってＬＩＮＥが来た。「もし中絶するなら費用は三〇万かかるらしいよ」ってＬＩＮＥ送ったら、「ぼったくり女」「一〇万以上出さないよ」「こうなったのは、半分はやー（＝おまえ）の責任」ってＬＩＮＥが来た。

――いま、優歌はどこにいるの？

店。

――泣いている?

涙しか出てこない。

――店で泣ける?

いま、お客さんいないから、オーナーに話して泣かせてもらっている。

…………龍輝、女、いるらしい。

――なんでわかったの。

オーナー。でもフェイスブックもまわってきた。妊婦だった。もうだめだね

……あいつ、飲み屋でボーイやっていたらしい。店のお金と、模合[1]のお金盗《と》って逃げているみたい。情報がまわってきた。

ああ、ここまできて、龍輝は逃げるのかと思う。

（二〇一三年八月二八日）

＊

沖縄に帰ってからすぐに優歌と会って、生活保護の手続きを相談した。当初、優歌はそれをかたくなに拒否した。お店に出ているほうが気分もマシだから働く、大丈夫。それに自分のこと、知らないひとに話せない。

優歌の身体がいよいよきつくなったときに、優歌を説得して一度だけ、市役所の生活保護の担当部署に出かけたことがある。優歌の現在の状況と、家に暴力をふるうきょうだいがいることを聞いた保護課の職員は、「世帯分離ができていないので、生活保護の対象にはなりません」と話し、生活保護の申請用紙すら渡そうとしなかった。「八カ月の妊婦に働けということですか」と私が声を荒らげると、優歌が泣き出して

1　模合とは、頼母子講《たのもしこう》と類似したシステムで、メンバー同士が一定の金額を互いに出しあい、そのメンバーのひとりが代表でお金の給付を受け、その後、順番にそのお金を給付しあうことをいう。

しまい、窓口を退いた。そのあと、社協の窓口に行って、貸付かシェルターに入ることはできないか相談したが、「貸付は難しいです」「まだなぐられていないのでシェルターはムリです」といわれた。

帰ろうとしているときに、保護課の窓口で私たちに対応した女性がトイレにいた。その女性は、同じ市役所の後輩と思われる女性に、公務員試験の合格の秘訣を得意そうに話していた。「あたしの場合はぁ、公務員過去問の問題集をひととおりやって、そのあとぉ、何回もそれをひたすら繰り返して」と、嬉々とした声がトイレのなかをこだまする。

その場から逃げるように飛び込んだエレベーターのなかで、鏡に映った優歌に「優歌、ほんとうにごめん」と謝った。「……日本語[2]って難しいね。半分もわからなかったよ」と泣いている優歌にいわれる。優歌、ごめん。こんなひどい場所に連れてくるべきではなかった。

優歌の実家に戻ってから、優歌の母親に、市役所で起こったことを報告する。台所の椅子に三人とも座ってから、「世帯分離できていないから無理といわれた。でも、なにか方法があるはずだから」と話し出した私の声を遮《さえぎ》って、優歌の母親は、「だから、お母さんはそういったさ！」と優歌のことを怒鳴った。優歌は、椅子の上に立て膝《ひざ》になって、イライラした顔をして黙っていた。優歌の母親は治療中の自分の身体のしんどさを述べたあと、「子どもも、どうするのかわからない。私もずっと迷っている……センセ、優歌の子ども、もらわないね?」といった。

思わず、「優歌の子なのに」といってしまった私の声を遮って、優歌が「だったら、にぃにぃを追い出して!」と叫んだ。「あれたち、お金もいれない! 何もしない!」優歌は泣いていた。「お母さんだって、ずっと我慢しているんだよ。お家のお金もいれない、子どもの面倒も見ない。優歌の子どもが生まれたら、あれたち出て行くよ。……赤ちゃんが泣いたら、あれたち我慢できないはずよ。……だからそれまで我慢して」と優歌の母親もまた、話しながら泣いていた。

私はふたりのあいだに黙って座っていた。優歌は膝を抱えたまま一点をみつめて、涙を拭《ぬぐ》うこともしなかった。

その夜、優歌の家を出てから私はひとりで龍輝の働いていた店を訪ねた。龍輝の働いていた店は、私が子どものころ住んでいた街にある。そのビルの裏手には湿地帯があって、小さいころ、私は友だちとそこに端材《はざい》を組んで秘密基地をつくった。

店のボーイに龍輝を探していると、「あー、噂まわってますよねー、龍輝さん、

2 沖縄では、いわゆる「標準語」が使用されている場合や、そこで話されている内容と心理的距離がある場合、「日本語」という言い方をすることがある。

もう、沖縄出たみたい」といわれる。それが、体《てい》のよい「探しても無駄」という話であることもよくわかっていた。「でも」、といって「龍輝が店に来たら、私に連絡をもらえないか」と頭を下げて、店を出た。

龍輝の働く店の入るこのビルは、私が小さなころからここにあった。隣のドライブインのレストランも同じ建物だった。ビルの屋上にあがって、湿地帯を眺める。あのころ、秘密だったはずの場所は、ビルからは丸見えだということに気がつく。

小学校の下校途中で、電柱の前に座り込んでしまった女のひとを見かけたことがある。一緒にいた友だちは、「あれ、〇〇のお母さんだよ、お父さんがなぐるわけ。逃げているんだよ」といっていた。うるさい小学生の集団が通りすぎるまで、女のひとは動かなかった。

この界隈には、昔からきれいなドレスを着た女のひとたちがいた。あぁそうか、これはデジャブだ、と思う。ずっとここで、繰り返されてきたことだったのだと思う。

＊

身体が華奢《きゃしゃ》でほとんどおなかが大きくならなかった優歌は、臨月直前までキャバクラで働き続けた。優歌の事情を知っていたオーナーは、お酒を飲まないで働いていいと話し、優歌の座るシートを、客と同席したキャストのお酒をつくる位置にしてくれた。優歌はおとなしいキャラという設定になっていて、「お酒が弱いんです」と客にいって、せっせとお酒をつくっていた。黙っていると可憐《かれん》に見える優歌には指名客もつくようになり、「お酒が飲めないというのもいいものだ」といって私たちは笑った。

私の目の前で大ゲンカをしたあと、優歌と母親は仲直りした。これからもっとお世話になると思うんだけどお願いしますと、母親に謝ったと優歌から報告があった。そして、毎週日曜日に、父親と母親と甥っ子と近くのスーパーの朝市に買い物に出かけることを、優歌は何か特別なことのように私に話した。

優歌は、キャバクラのネットワークで龍輝の新しい恋人の連絡先を手に入れていたが、その女のひとに連絡をとることはなかった。「相手の女の子は妊娠もしているのにかわいそうさー。自分だったら、こんな連絡もらったらつらいし」というのがその理由だった。

お金を持ち逃げされた龍輝の地元の先輩が、龍輝を半殺しにしたという噂も耳にした。私は優歌に「いーばーやさ（＝ざまーみろ）」といった。

その後、龍輝は優歌の兄に謝罪して、「いまはこれだけしか払えない」と五万円を払った。優歌に暴力をふるっていた優歌の兄は、龍輝の高校の先輩だった。要するに龍輝にとって謝罪するべき相手は、妊娠させて放り出した優歌や生まれてくる子どもではなく、優歌の兄でしかなかった。

予定日を少し過ぎた日の明け方、優歌は、母親の立ち会いのもと、ひとりの男の子を産んだ。昼過ぎに仕事を抜けだして病院に行くと、テレビがつけっぱなしの個室の真ん中で、優歌はこんこんと眠っていた。優歌を起こさないように、そばの椅子にそっと腰掛けて顔を見ていると、優歌がふっと目をあけた。「テレビ見てて、眠っちゃった？」と尋ねると、優歌は、「いつもうるさいところにいるから、静かすぎて眠れない」といった。

途中のコンビニで一緒に食べるおやつと雑誌を買い求めたけれど、そこにあった育児雑誌は、結婚したカップルが子育てをしているものばかりで、優歌が安心して時間をつぶせるようなものは一冊もなかった。とほうにくれて思わず買ったネイルの付録がついたファッション雑誌を渡すと優歌は少しだけ笑って、「これできるの、いつになるのかなー」といった。

優歌はまわりのひとに子どもの名前を相談していたけれど、最後は自分ひとりでハルと名づけた。私は毎週優歌の実家に通って、ハルを抱っこして、優歌の肩をマッサージした。ハルの一〇〇日記念写真を撮るために、優歌は毎日一〇〇円の貯金をしていて、私もときどきカンパした。優歌は、「ハルにお父さんがいないから、小学校の運動会、どうしよう」と悩んでいたけれど、全身に刺青《いれずみ》が入った優歌のいとこが、「俺が父母リレー走ってあげるよ」といってきたので、「刺青だらけのオヤジが走るのは、かえってよくないのではないか」という話をして、私たちは大笑いした。

あるとき、料理上手の優歌の母親がご飯をつくったからといって、一緒に台所に立ったことがある。優歌の実家の冷蔵庫には写真が貼られてあって、それはぺたんと床に座って笑う子どもが、空に手を伸ばしている写真だった。息を呑んで、「ミズキね？」と尋ねると、「かわいくて、写真を外していない」と優歌の母親はいった。そして、「ハイハイをはじめたころ」とつぶやいた。

三年前、ミズキの写真の貼られた冷蔵庫のある、ミズキのいない家に優歌はひとりで帰ってきて、それからずっと、付き合う男性の家を転々と渡り歩きながら過ごしてきたことを、私はそのとき、ようやく知った。ハルが生まれて、優歌のまわりの風がとまっているいまが、少しでも長く続いてほしいと思いながら、その日一緒にご飯を食べた。

ハルが六カ月になったころ、優歌は妊婦だったときに雇ってくれていたキャバクラに戻って働きはじめた。夜の仕事を嫌う優歌の母親は怒っていたけれど、ハルが泣くとふすまを隔てた部屋にいる兄に文句をいわれること、最近、甥っ子が兄に似て乱暴になっていること、だから団地でもアパートでもなんでもいいから、実家を出て暮らすお金を貯めると優歌は話していた。

ハルが一歳を過ぎたころ、優歌は実家を出て、実家から車で五分ほど離れた場所に家を借りた。優歌の新しい家は、ふたつの部屋と広いリビングのある新築のマンションで、引っ越しが決まったとき、優歌は研究室に遊びに来て、「友だちを呼んで、鍋パ（鍋パーティー）とかしたいっていう夢があったんだよね」と話していた。そして、「新しい店も決まった。仕事の日は、お母さんとお父さんに、ハルを預かってもらう」とも話していた。ハルのスタイには「じーじぃアイ・ラブ・ユー」と印字されていて、「ねらったな」というと、「ドンキで見つけた」と笑っていた。

＊

優歌が仕事に定着するまでの四年間は、私が思うようなものではなかった。子どものころから暴力に晒《さら》されて育った優歌は、大人になってからも家や地元周辺を離れることはなかった。優歌は妊娠して結婚して、子どもが八カ月になったころに離婚して、その子どもを奪われた。優歌はその後も、兄や恋人からの暴力に晒され続け、そしてもう一度ひとりで子どもを産んだ。

出会ったころは体験入店ばかりしていて店の女性たちと親しくなることがなかった優歌は、いまはひとつの店に週に四、五日勤務していて、職場の女性たちともそれなりに仲良く過ごしている。優歌は最近、私の忙しさを気遣うようにもなっていて、メールでは敬語を使うようになった。

「えーと、優歌さん、お仕事はなんですか?」と、ふざけて最初のインタビューのように尋ねると、「飲み屋。キャバクラで働いています」と優歌はいう。「おたくー、スーパーニートじゃなかったんですかー?」とからかうと、優歌はひひひと笑う。

優歌はもうすぐ二四歳になる。優歌は広いベランダのある2LDKのマンションに住んでいる。恋人はいたりいなかったりする。優歌はハルという子どもをひとり、育てている。今日もたぶん、優歌の実家の冷蔵庫にはミズキの写真が貼られている。優歌はいま、キャバ嬢をしている。

# 記念写真

キャバ嬢の仕事が、日本の女子中高生のなりたい職業にランクインするようになって久しい。若い女性が層として貧困に陥《おちい》るなか、華やかなドレスを身にまとい、男性客とのトークでお金を得るキャバ嬢が、若い女性たちの憧れの職業となるのもよくわかる。しかし沖縄のキャバクラ店では、とにかく子どもと生活するためにこの仕事をはじめたという若いシングルマザーたちが働いている。

この調査でお会いしたシングルマザー全員が、自分のパートナーであり、子どもの父親でもある男性との関係を解消したあと、慰謝料も養育費も一銭ももらえず、単身で子どもを育てることを強いられていた。子どもを引き取った彼女たちは、スーパーやコンビニのレジの八〇〇円程度の時給よりも高い二〇〇〇円前後の時給のキャバクラで働くことで、子どもの面倒を見ることと生活費を得ることを両立させようとしていた。つまり、沖縄のキャバ嬢たちは、子どもをひとりで抱えて、時間をやりくりして生活する年若い「母」でもあった。

そうしたなかで、美羽《みう》は少し珍しい存在だった。長身で、どんな露出の多いドレスでも着こなせる美羽は、他店からも引き抜きが途切れないという売れっ子で、インタビューのときには、二一歳になったばかりだった。

美羽は、それまで一度も結婚したことがなく、子どもをもったこともなかった。

美羽は、大阪の専門学校に進学したが学校にうまく馴染むことができず、沖縄に戻ってきていた。

沖縄に戻ってきてからも、比較的裕福な親元で暮らしている美羽は、生活費を得るためにキャバクラで働いているというわけではなかった。

美羽は、中学時代の仲のよい友だちが同じ店で働いているのでこの仕事が楽しいと話し、いまはやりたいことがあってお金を貯めているけれど、まとまったお金ができたらその友だちと一緒にこの仕事をやめるつもりだと話していた。

美羽が話していた、仲のよい友だちというのが翼《つばさ》だった。翼は、美羽と同じ二一歳で、五歳になる息子の悠《ゆう》とふたりで暮らす、シングルマザーだった。

美羽と翼では育った家の環境も学校体験も異なっているが、美羽は、翼と一番仲がよいと話した。そして、「自分にはまだ子どもがいないけど、翼の子どもが自分の子どもみたいなかんじ」で、悠の保育園のお迎えに行くと、ほかの園児が集まってきて「悠のおばちゃん、悠のおばちゃん」と年若い自分を呼ぶのだといって、美羽は苦笑いした。そして翼のことを、「とってもいい子」で、「お店のことも、ママもすごくがんばっている」といい、「大阪から帰ってきて、友だちから浮いているような気持ちになっているとき、翼がずっとそばにいてくれて、すごく助けてくれた」と話した。

美羽と話していると翼にも会いたくなって、美羽に頼んだら、翼にもインタビューができることになった。

数週間後、打越さんと開店前のキャバクラのシート席に座って翼を待っていると、白いドレスを着た華奢《きゃしゃ》で小柄な翼があらわれた。翼にはあたり一面がぱっと明るくなるような華やかさがあって、そばにいた打越さんは口が利けなくなってしまった。仕方なく、「今日は会ってくれてありがとう。美羽さんが、翼にすごく助けられたって話していたよ」と私が話を切り出した。そしたら、翼はみるみるうちに涙目になって、「助けてもらったのは、翼のほうなのに」といって泣き出してしまった。

私は、ひとが泣くとできるだけ気配を消して、泣きやむのを静かに待つ。でも打越さんは慌てふためいて、自分の首にまいていた手ぬぐいを翼に渡そうとした。それはたぶん使わないはずだと思って私がハンカチを渡そうとすると、手ぬぐいとハンカチを選ぶコントみたいになって、翼はくすくす笑い出した。

それから翼は、やっぱりハンカチを選んで涙袋のところだけそっと拭《ぬぐ》うと、すとんと泣きやんだ。涙の拭い方も、泣きやみ方もしなやかで、ああ、この子は、すごく長く仕事をしている子だなとそのときに感じる。

「ママなんだって？　店でその話、大丈夫？」と聞くと、「自分、赤裸々派なんで。子どもいることを隠していないんです。子どもと自分とふたりセットで自分みたいなところがあって。だからお店でも、子どものこと、全然隠していないんですよ」と、これまで自分の育った家のことや、子どもとの生活について語り出した。

＊

翼は、子どものころ、大人のひとがいない家庭で育っている。翼の両親は翼が五歳になったころに離婚していて、翼の母親が三人の子どもを引き取った。翼の母親は、スナックのオーナーをしていて、その店のママもやっていた。店が終わってからも、お酒が抜けるまでは店で眠る生活だったので、翼の母親は家に帰ってくることがほとんどなかった。だから翼の子どものころの記憶は、いつも子どもだけで家にいたこと、家にはご飯がなかったことだという。

――お母さんはどうしてたの？

そのとき、「夜」やってた。帰ってこないのが当たり前だった。

――そうか。……仕事終わって、帰ってくるとかじゃなかった？

お母さんが店やってたから、その仕事場で寝て。

――お酒も飲んでるしね。

うん。オーナー。経営していて、お母さんは、寝て帰ってくる。昼帰ってきたり、お母さんと顔を合わせないこと、一週間とか二週間、顔合わせないとかあった。

――飯とかは、お金をもらって自分らでなんとかみたいな？

うらん、お金ももらってないんですよ。自分このときに仲のいい友だちがいて、その友だちの、その友だちの家で、自分も一緒に食べてた。夜ご飯を一緒につくって、一番、仲良かったのが、ミノリっていう子で、いまは結婚して子どももいるんですけど、この子のおうちで、毎日、ご飯つくって、ご飯食べて、お椀洗って、で、おうち帰って。

――姉ちゃんと兄貴はどうしてたん？

（そのときは）ねえねえは結婚して、（家のことが）できない。にいにいはにいにいで、いまと一緒でお父さん側に（行っていた）。

――小学生のときはどんなしてたの？

小学校のときも、お兄ちゃんとお姉ちゃんとで軽くご飯つくったりとか。……（離婚した）お父さんが「ご飯食べに行こう」って。………記憶がないんですよ。だからみんなにいわれるのが、「お母さんの味ってなに？」っていわれても、「ごめん、わからない」、出てこない。お母さんの味ってわからない。みんなが話してるときも、わからない、ってなるくらい、おうちにご飯がなかった。なんか、「自分でなんかつくりなさいよ」だったの、お母さん。

友だちの家でご飯をごちそうになったら、お椀を洗ってから帰るように翼に教えたのは、翼の姉だ。翼よりも三歳年上の姉は、自分も母親からネグレクトを受けながら、ネグレクトを受けているほかのきょうだいの面倒を見てくれていた。だから翼にとっては、「お姉ちゃんがお母さんのような存在」だった。

子どものころの翼の夢は、お父さんとお母さんがいて、子どもを育てる家庭をつくることだった。早く結婚して子どもをつくり、寂しい思いをさせないように子どもを育てたい。自分もまだ子どものときに、自分の子どもには寂しい思いをさせないと翼は決心した。

＊

翼のきょうだいはみんな、中学生になると不良グループに入っている。翼もまた、中学生になるとすぐに不良グループの一員になった。

中学校には、異なる校区からも翼と同じような生活をしている子どもたちが来ていた。翼たちはすぐにつるみはじめ、中学二年生になるころには、男女合わせて総勢二一名の大きなグループになった。

このグループのメンバーは、学校を抜けだして煙草を吸ったり、お酒を飲んで二日酔いで登校したり、徒党を組んで「悪さ」をすることを繰り返していたのだという。

運動場の部室のうしろらへんで（煙草を）吸っているときに、生徒指導の先生が来てから、隣のお家、飛び越えて逃げていってたんですよ。通報！「煙草吸っていたよ」って通報！　民家ばっかりだったから、お家がいっぱいあったから。

こんな家（のひと）に通報されてからに、警察から学校から。

だが翼たちの中学時代の教師たちは、そうやって翼たちが学校を抜けだし、逃げまわっても何度も探しにきてくれて、叱《しか》ってくれたり、話を聞いてくれたりしたのだという。

先生なんかは絶対、何があっても見放さなかったんですよ。

――へー、たとえば？

義務（教育）じゃないですか。（自分たちは）反抗期で、「おまえなんかに守ってもらわんでも、法律上守られてるから、だからいいよ」っていってるから。「何かいってもらってるうちが、愛されてるってわかれ」って、「何が愛されてるかってわかれ」（って先生が）。「あんたたちがどんなことといって、何しようと、学校で問題起こそうと、自分たちは絶対見捨てることはないよ。みんな一緒だから、子どもはみんな一緒。みんな親から預かってるから、責任がある」（って先生はいっていた）。「でも、その責任感がウザいよ！」って。「その責任、ウザいよ」

みたいな。「法律上守られてるから、たいして気にしてんよ、何が愛か！」って、「他人の子ども愛せるか？」って（先生にいって）。このとき、（先生に）なぐられたり（してたし）、（でも、翼の）家庭環境とかもわかってたから、「バカじゃないか」っていいつつも、絶対に見捨てなかったわけ。何かあったら一番に駆けつけたし。

翼は中学二年生のとき、ひとつ年上の先輩と付き合うようになる。翼はその恋人と学校でも家でも一緒に過ごし、中学校を卒業したら結婚しようと約束していた。だが、付き合いがちょうど一年近くなったころ、恋人からほかの女の子と付き合ったりして、「もっと遊びたい」と一方的にいわれて、翼はふられてしまう。

翼は自分の仲のよい友だちにも、恋人と別れてしまったことを話せずにいた。だが、担任教師は、様子がおかしいと翼を呼び出した。

——別れたときはどうだったの？

もうやばかったです。これも、唯一気づいてくれたのがまわりの友だちじゃなく、先生だったんです。

——えー!!!

翼は常にいつもどおりにしてたんですよ。そのときに、自習時間みたいなのがあって、そんなときに、先生が、「来て」っていって、「来て」っていわれて。呼ばれたときに、「あんた、なんかあったでしょ?」「はっ! なにがよ! なんもないよ!」っていったら。

——とりあえず一回はね(笑)。

そうそうそう! それでちょっと突っ走るんですよ。「なにがよ!」って。「なんもしてないし!」って。「なんで嘘つくのか?」って、「顔に出てるよ、おまえ」って。「なんで、ひとりで抱え込むのか?」って、先生がいうんです。そのときにワーって泣いて、なんていうの、「見抜かれた」みたいな(笑)。ひくひくしながら、「別れた」っていったら、「これだけで泣かんけー!」って。

担任の教師は、そうやって翼のことを常に気にかけて話を聞いてくれていた。

ほかの教師たちも、翼の家には大人がだれもいないことを知っていて、保健室の先生は、翼が登校するとまず保健室で朝ごはんを食べさせてから、教室に行くように面倒を見てくれた。

自分、途中からしか学校来なかったんですよ。そしたらまず、教室通る前に、保健室通るんですよ。保健室の先生も、ねえねえも知ってたから、ねえねえと、にいにいがぐれてるときから知ってるから。保健室の前を通ったら、「おいで」って。保健室の先生の朝ごはん、自分のもってきてるのに、翼にあげるんですよ。「朝ごはん、食べてから教室行け」って。

この教師はおそらく、翼が負担を感じることがないように、「自分の朝ごはん」と称して、毎日、翼に朝ごはんを用意していたのだろう。

翼の通った中学校は、普通の公立の中学校だったが、翼だけではなく、翼のグループの子全員が教師との関わりが深かった。翼のグループのメンバーは、「一緒にいると大変だ」という理由で、別々のクラスにふりわけられていたが、それぞれのクラスの担任の教師は、自分のクラスに配置された子どもの「親代わりをする」ことになっていて、どの子も教師に話を聞いてもらったり、何かが起きると駆けつけてもらっていたのだという。翼たちは、そうやって話を聞いてくれる教師や、朝ごはんを食べさせてくれる教師に囲まれて、毎日、反抗したり、遅刻をしながらも中学校を卒業することができた。

だがこうした取り組みが、沖縄全県の中学校で、いまでもなされているわけではないように私には思える。

翼が中学生だった二〇〇〇年代中頃は、全国学力・学習状況調査（通称学テ）が実施される前の時代だ。二〇〇七年に全国の小学校中学校ではじまった学テにおいて、沖縄県は最下位になり、それからはその対策と称して、家庭で「早寝早起き朝ごはん」をさせようという運動が起こった。

その運動は、学テの出来不出来が早寝早起きという習慣や朝ごはんの摂取と関係しているとみなして、点数をあげるために、子どもを早寝早起きさせて、朝ごはんを食べさせることを親へ要求するものとなった。そのとき、試験の点数と生活習慣が関連しているという単なる相関を示すデータが、早寝と早起きをさせて、朝ごはんを食べさせれば成績があがるという、原因と結果を示す因果関係のように間違えて解釈され宣伝された。また、よく指摘されている「早寝早起き朝ごはん」は、単なる経済格差・貧困の擬似相関ではないかという検証も、沖縄では十分に行われることはなかった。

おそらく、いまの沖縄の中学校で、朝ごはんを食べてこない子どもの生活を、教師たちが心配し、学校全体で心を砕くことはないだろう。私には、翼の中学時代というのが、沖縄の中学校の教師集団が層として、子どもの生活における傷つきを見る力が残っていた時代のように思える。

でも翼の中学校の教師たちも、「見捨てない」といいつつ、翼たちをなぐっていた。自分を大切にしてくれるひとが、一方では自分に暴力をふるうひとにもなる。そのことは、のちに翼がパートナーと関係をつくるにあたって、大きな問題を残したように私には見える。

*

翼は中学校を卒業した。卒業したら先輩と結婚しようと思っていた翼には、高校に進学する予定もなく、将来の夢もなかった。その翼を、中学校のときの同級生がキャバクラに誘う。

卒業して一カ月後くらいに、夜の業界に、A街に。

——きっかけは何だったんですか?

友だちが中学校からやってたんですよ。

——知り合いのK中学の?

そうです。「一回経験だし」みたいな、「やってみればー」っていわれて、「そうだね」って。「経験だしね」って。高校別に行く気もなくて、することないじゃないですか。夢もなくなって。やりたいこともなくなってから。「そうね」ってなって、「世界見てくるか!」ってなって。

一五歳の翼にとって、大きな繁華街であるA街でキャバ嬢になることは広い世界に出て行くことを意味していた。翼は友だちと一緒に体験入店をし、それからは、A街内で条件のいいといわれる店の情報を得ると、そこに移るなど店を転々としながら仕事を覚えていく。

一六歳になったころ、翼はボーイをしていた七歳年上の男性と付き合うようになった。通常、キャバクラ店では、ボーイとキャバ嬢の恋愛は禁止されている。その店でも、「もしも付き合ったら罰金一〇〇万円」という決まりがあったが、ふたりはこっそり隠れて付き合いはじめた。
付き合って二カ月たったころ、翼は妊娠していることに気がついた。

——彼氏的には、できてどうだったん？「産んでくれ！」みたいな？

「産め」みたいなかんじ。

——嬉しかった？

うん。だけど不安はいっぱいあったよ。自分が親の愛、わからないから、「自分が親になったところで、どんなして子どもを愛せばいいんだろう」っていう、すんごい不安を抱えてた。毎日、「この子をどんなって育てていけばいいんだろう」って。「どんなってかわいがったらいいんだろう」って。「何をしたら喜ぶのかなあ」って、「何が親に対して必要なのかなあ」とかがわからないから、超不安だった。

妊娠がわかったとき、翼が真っ先に相談したのは、母親ではなくてやっぱり姉のほうだった。翼の姉は、「大変なのはわかる、それを知ったうえで、産みたいって意志があるんだったら、産んだら？　堕《お》ろすこと考えてない時点でまだいいよー」と翼の気持ちを尊重してくれた。

相手の男性と結婚して出産することを決めたあと、翼たちは両方の親にもその報告をした。どちらの親も反対することはなかったが、翼の母親は、「一回結婚して、相手側にもらわれるってことは、帰ってくる場所がないって覚えとけ」と翼にいった。そして、「簡単に甘えて帰ってくるな。一人の親だよ。どんだけ若くても親には変わりないんだよ。だから、簡単に帰ってくるな」と話したのだという。

妊娠と結婚の報告をすると、ふたりの勤めている店のオーナーはひどく怒ったが、罰金を取り立てることはなかった。そして翼の夫は、隣の街にある観光客向けの大きなホテルのコックの仕事を紹介してもらい、昼の仕事に移ることになった。

ふたりの生活は安定するかに見えた。しかし結婚すると、夫は自分の稼ぎをすべて自分のカードのローンの返済にあて、生活費を一切家にいれてくれなくなった。

一六歳のときに子どもを産むと、翼はすぐにキャバクラに戻って働きはじめた。

外面《そとづら》とってもいいんですよ。もうびっくりするくらいに。

――じゃあ、仕事はそんなに不安定ってことはなかったんだ？

不安定じゃなかったですけど、自分、このときもずっと「夜」やってたんですよ。要は、生活もまわらなかったんですよ。要はカードのローンがあって、給料全部カードのローンに消えるみたいだから。

――あっちが使うんだ？　飲み屋で？

そうそう。何に使ってるかわからないけど、カードの明細見ても、自分ってカードもったことがないからわからないんですよ。何がどうなってるのかがわからなくて、問い詰めても、「必要なもので使ってる」みたいなかんじで。何もいえんくて、それで、夜の仕事で、家のもの支払って。

翼が、家にお金をいれてくれないことを夫に対して強くいえなかったのは、夫が酒を飲むと暴力をふるう男だったからだ。結婚後、夫の性格は「変わりよったんですよ、一気に。自分の、自分のものになっているっていうのがあるから、「一気に」変わり、酒を飲むと、翼のことをなぐるようになる。

——なにがきっかけでなぐられるの？

「酒癖」です。おうちにいるじゃないですか。おうちにいたりとかして、（あっちが）外に出てるときに「いつ帰ってくるの？」とか。

——普通に聞くよね。

そうそう。そんなのとか。普通に連絡いれたりとかしたときに、あっちからしたら、「翼の言い方よ！」。………翼はイライラするじゃないですか、妊娠中。でー、ピリピリしてる、自分のなかでは。「なんで早く帰ってこないの？」とかいったりとか。酒入って、それでブチぎれて。

——帰ってきてなぐるの？

そうそうそう。無理やり馬乗りされて、蹴られたり、なぐられたりとか。

——なんか、警察に電話したりとかしました？

ううん、ひとりでひたすら泣いた。「ごめんなさい、ごめんなさい」みたいな。

——ええー。それはねえねえには相談しました？

ねえねえは見てる。顔とか。

——あー、そっかそっか。

力で、なんていうの、ねじ伏せようとしてるから、あっちは。もう愛はなかったですね。

——コントロールしようと。

力で、自分のいうとおりにしたいかんじだったから。

翼が妊娠しているときにはじまった夫の暴力は、翼が子どもを出産してからもやむことはなかった。翼が夫に何かを尋ねたり、何かを要求すると、自分よりも七歳も年下なのに翼は生意気だといって、夫は翼のことを拳でなぐりはじめる。

もうあっちからしたら、「どっちがしーじゃー（＝先輩）か？」って。先輩とか関係ないじゃん（笑）。

——男女じゃなくて、しーじゃーが先なんだ！

そう。「どっちが先輩なのか？」ってかんじではじまって。

沖縄の非行少年たちには、先輩を絶対とみなす「しーじゃー・うっとう（＝先輩と後輩）」関係の文化がある。そのため、先輩から金銭を奪われ、ひどい暴行を受けても、後輩の多くはそれを大人に訴えることをしない。そして学年が変わり自分が先輩になった子たちは、今度は自分たちより下の後輩たちに暴力をふるう。

翼の中学校の教師たちもまた、翼たちの面倒を見て大切にする一方で、翼たちに体罰をふるっていた。暴力が常態化するなかに育つ子どもたちは、成長すると自分の恋人や家族に対しても、暴力をふるうことを当然だと思うようになる。なぐられるほうもまた、大切にされているから自分は暴力をふるわれていると思い込もうとし、逃げることが遅れてしまう。

調査で出会った女性たちの半数以上は、恋人や家族から頻繁に暴行を受けた過去をもっていたが、最終的に彼女たちが受けた暴行は、拳で顔の原形をとどめないほどなぐられる、おなかを蹴られて吐きながら意識を失うといった「病院送りされる」レベルにまで至っていた。

翼もまた、「しーじゃー・うっとう」関係を家にもちこむ夫から激しい暴力を受けるようになって、「もうこのひととは一緒に住めない」と思うようになった。しかし両親が離婚しており、さらにその後、ネグレクトに遭いながら成長した翼は、子どもにはふたりの親がいることが何よりも大切なのだと思っていた。だから自分の子どもである悠には、なんとしても「お父さんとお母さんのいる家庭」をつくってあげたいと思っていた。

翼は、自分の姉には、暴行を受けていることを話していたが、自分の母親に「簡単に離婚して戻ってくるな」と繰り返しいわれていたので、暴行を受けていることを、自分の母親に相談することはできなかった。

親の、この力が強すぎて、親にはいえなくて、どんだけなにされようが、「順調」っていってから、「幸せだよ」ってしかいわなかったんですよ。実際、幸せではなかったけど、「幸せだよ」って。親には心配かけたくないし。絶対にいわなかったんですよ。ねえねえとかにはいったけど。

――ねえねえはなんて？

ねえねえは、「離婚しれ」って、ずっと。ひいてました。「ここまでするか？」って、「男がここまでするか？　女に」。

――顔をする（＝なぐる）ってことは、飲み屋で働けんようにするっていう？

うん。でも、働かないと。（なぐられたあとは）働けないじゃないですか。（そしたら）一週間や一ヵ月は休んで。働かなかったら、（夫は）「お金ない」みたいな。「は？　どっちよ」みたいな。「おまえがなぐったからだろ」って。

――ほんとですよね。

もういってることと、やってることが合わなくて。いってることと、全然ちがくて。（中略）一応、子どもに、いま、悲しい思いさせてるっていう罪悪感あるけど、どうしようもない結果だったから、相手が変わらないってなったから、もうこれは一生変わらないんだ。一生、離婚しても。……だから自分のいってることを正当化する、自分のいってることがすべて正しい。自分で世界がまわってるみたいな言い方しかしない。

——なぐったことも？

なぐったことに関しては、「全部、おまえが悪いんだ、おまえが悪い」って。

翼が受けている暴行は、幼い子どもにも恐怖を抱かせるものだった。翼がなぐられていると悠はそばにやってきて、翼にしがみつき、激しく泣き出すことで翼のことをかばおうとしたのだという。

自分が、なぐられてるとき、子どもって感づくから、お母さんを、自分を守るかのように、まず子どもが、自分を守るかのように自分に泣いてくるんです。「ママ、行かないでー」って、「ママ、行かないでー」ってみたいに。その子のために、「いまの痛み我慢しよう」っていうのがあったから。「この子のために、自分はこの子がいるから、いま、自分はがんばっている」っていうのが強かったから。「絶対にもう、この子のため」っていう。悠の顔見てたら、どんだけ嫌なことがあろうと、笑ってごまかせるかなって。

翼をなぐったあと、夫は自分の暴力の正当性を主張した。そして、もし翼が離婚しようとしたら、子どもの親権は自分がとると話した。翼はその言葉に怯《おび》え、どんなになぐられても、離婚を考えないようにしていた。

翼は、夫と「一緒にいても笑えないし、気を遣って、気を遣って、怒らせないように常にやっている」状態で過ごしながら、姉以外のだれにも暴行を受けていることを話すことができなかった。そして、昼はひとりで子どもの面倒を見て、夜はキャバクラで仕事を続けていた。翼を助けてくれるひとはだれもあらわれない。

＊

結婚生活も三年目を過ぎたころ、中学時代の同級生の美羽が、同じビルにある姉妹店で働くようになった。同じオーナーの店ということから、地元が同じ翼と美羽は、仕事前にはボーイの迎えに来た車で一緒に出勤し、仕事の終わりにはボーイが送る車で一緒に帰宅するようになる。

ふたりで一緒にいると、送迎の時間もほんとうに楽しい。ふたりは、同じ店だったら仕事中も楽しいと相談して、同じ店に移って一緒に働くようになった。

同じ店で働くようになった翼と美羽は、仕事が終わってからも電話でおしゃべりし、仕事が早く終わった日は、ふたりで飲みに出かけるようになる。そんなある日、美羽とお酒を飲んでいると、ふいに美羽が真顔になって、夫といるときの翼と「いまの翼は、全然、顔がちがう、無理していないか?」と尋ねたのだという。翼はそれまで自分の姉だけには、家で暴行を受けていることを話していたが、ほかのひとには、何が起きているのか話すことはなかった。だから美羽から声をかけられたときも、翼は何も話すことができずに、その場をやりすごしてしまった。

だがそのような日々のなかで、「最近、おまえ、家族の時間をつくろうとしていない」と夫に責められて、翼はまたなぐられた。翼は泣きながら謝り、身体を丸めて身を守ろうとして、むき出しの顔をさんざんなぐられた。

暴行がようやくやんで夫が家を出て行ったあと、翼は自分の傷を確認する。

翼の傷は、鼻が折れて、目が開かなくなり、口内が切れてしまう大怪我だった。

翼は、美羽に電話をかけた。


美羽に「ごめん、（悠を）保育園送ってほしい」って（電話をかけたら）、「なんでか？」って。……………美羽は気づいてるから。「おまえ、くるされた（＝ひどくなぐられること）のか？」って。「手、出されたのか？」って聞くから。一応、「まず、顔見に来てほしい」って。………まず、顔、見に来て、見たときに、「はっ？」みたいな。「ひどくないか、ちょっとやり過ぎじゃないか？」って。


傷がひどく、アパートの外に出ることもできなかった翼は、美羽を電話で呼び出し、暴行を受けた自分の顔を見せた。美羽はその傷を確認したあと、朝になると悠を保育園に連れて行き、翼を病院に連れて行った。

翼の受けた傷は全治一カ月の重症で、マスクをしても顔の傷を隠すことができないものだった。美羽はそれから毎日、外に出られなくなった翼の代わりに、朝になると悠を保育園まで連れて行き、夕方になると夕食の買い物をして保育園に悠を迎えに行き、翼と一緒にご飯を食べる生活を一カ月続ける。

毎日美羽とアパートで過ごすようになったそのとき、翼は離婚を考えるようになった。このままでは、いつか悠がなぐられてしまう。翼は長いあいだ、「自分は殺されてもいい」と思っていたが、悠がなぐられることは絶対に嫌だった。離婚して、悠を引き取り、ふたりで暮らす。それをなんとしても実現しなくてはならない。

翼と美羽は、離婚をするための相談を重ねた。離婚を切り出したら、いずれ親権を争うことになる。もし裁判になってしまうと、大きなホテルでコックとして働いている夫とキャバクラで働いている翼では、社会的地位や経済力から見ても夫のほうが有利だとふたりは考えた。そしてふたりは、それぞれの携帯電話に、暴行された翼の写真を記録する。

――なぐられたときの写真、撮っている?

美羽がもってます。

――嫌じゃなければ………民生委員さんに話だけでもいいんだけど、すぐわかると思うけど。被害状況の写真、見せて。

美羽が、携帯に撮ってるんです。

――頭いい。

美羽のデジカメ（＝携帯のカメラ）と自分のデジカメにあるんですよ。親権をとるときに有利じゃないですか？　日付も残るし。そういうので、有利だからというので、お互いのデジカメに残してあるんです。

翼の携帯電話の記録は、夫に破棄される可能性があった。でも、それぞれの携帯電話に残しておけば、もし翼の携帯電話やデータが破壊されることがあったとしても、美羽の携帯電話には記録が残る。しかも日付が残っていれば、翼がいつ、どのような暴力を受けたのかの証明にもなる。翼は美羽と一緒に、離婚に向けてひとつひとつ準備をはじめた。

でも翼は、そんなふうにして美羽が離婚に向けて相談に乗ってくれたり、暴行を受けた自分の写真を記録してくれたことよりも、暴行された直後にアパートに駆けつけた美羽がとってくれた行動が、何よりも深く印象に残っていると話している。

美羽は「大丈夫？」っていわなかったんですよ。「ちょっと待ってよ」って。「何するのかな？」って思ったら、「美羽も、くるされたみたいなかんじにやってきたよ！」って化粧で遊んできたから！　「一緒に写真撮ろう」なんですよ……。そのときのそういう美羽が好きだったんですよ。「大丈夫」っていっても、大丈夫じゃないじゃないですか。あそこまでボコボコになってるから。……そのとき、笑わせてくれたのが美羽だったんですよ。一応、笑ったら痛かったんですよ。「お願い！　笑わせないで！」って。

翼が暴行を受けた日の深夜、アパートに駆けつけた美羽は、「大丈夫？」と翼に問わなかった。それがすさまじい暴力であること、これまでその暴力を一身に受け続けてきた翼が大丈夫でないことなど、美羽には十分わかっていたからなのだろう。

それでも、暴力が暴力として禍々《まがまが》しくあらわれるこうした事態に、ひとは通常、言葉をなくしてなすすべを失ってしまうものだ。助けたいと思うものと助けられたいと思うものが、どんなに同じ思いを共有したとしても、その身体に暴力を受けて、自分を否定され傷つけられて惨《みじ》めな思いを抱くものと、暴力を受けず無傷であるものの身体は、それぞれの皮膚によって隔《へだ》てられている。それは被害を受けたものを、ふたたび孤独に陥《おとしい》れる。

だが美羽は突然、暴行直後の青あざがくろぐろと残る翼の顔のように、自分の顔にも、なぐられて青あざがあるような化粧をしはじめる。そして、「美羽も、くるされたみたいなかんじでやってきたよ!」と翼に呼びかける。それまで、痛みで口を開くこともできなかった翼は、自分と同じようなあざだらけになった美羽の顔を見て、思わず笑い出したのだという。そして美羽は笑い出した翼に、「一緒に写真を撮ろう」と呼びかける。

写真は日々の生活の記録だ。だからこれは、翼が暴行を受けた記録であるとともに、美羽がその目撃者となることを引き受けた記録でもあるのだろう。そしてそれは同時に、もう二度となぐられることのない未来が訪れることを、翼に予感させるものにもなったのではないだろうか。

ずっとひとりで暴行を受け続けてきた翼は、何かのはずみで夫になぐられるかもしれないと怯《おび》えながら、毎日暮らしていた。そのとき翼のなかにあったのは、暴行に怯える「いま」しか見えない、時間が動かない感覚だったのだろう。それでもあの暴行を受けた日、翼は美羽に助けを求め、美羽はその呼びかけに応答して翼を助け、そしてふたりで写真を撮ることを提案した。

それはつまり、「いま」の出来事が、いずれ「過去」の出来事になること、いままで動くことのなかった時間が、ふたたび動き出すことを翼に予感させるものだ。そしてその写真は、暴行された翼と暴行されたような化粧をした美羽とふたりで写した写真なのだから、それは、いずれふたりで乗り越えてきた過去の記録にも変わっていく。

だから翼は、美羽との写真を撮ることで、きっとこの先には、「いま」とは異なる地平が広がっていると感じることができたのだろう。

美羽と記念写真を撮った翼は、ひとりで生きることに踏み出していく。

＊

翼はついに離婚を決めた。

その後のプロセスはふたりの予想したとおり、険しいものになった。翼が離婚を切り出すと、夫は、子どもの親権は自分がとると主張した。裁判でもなんでも起こす、でも絶対に悠は渡さないと翼がいうと、夫は、翼が家賃を払っているアパートから出て行くことを拒否し、「おまえがでていけ」と翼を脅した。

それでも翼は離婚の意志を変えず、自分の母親に、結婚してからずっと暴行を受け続けていたことを話した。あらかじめ姉から話をされていた母親は、「別にいいよ、それであんたが幸せだったら、別にいいんじゃない」と翼にいった。

次に翼は、自分の兄に、キャバクラに出勤する日は、悠を預かってほしいとお願いした。悠を預かることを翼の兄は承諾し、ふたりの生活を助けてくれることになった。

それから翼は、疎遠になっていた自分の父親に連絡をとり、自分と悠を助けてほしいとお願いした。翼の父親は翼の夫に会い、アパートを出て行くように話をつけた。夫がアパートを出て行く日、翼はそれに立ち会わなかった。

翼が家に帰ってくると、夫はアパートから勝手にテレビをもちだしていた。翼はすぐにその足で家電屋に向かい、ローンを組んで大きなテレビを買って帰ってきた。いままでと何も変わらない日常を送る。でも、なぐられることはもうない。

夫に離婚届を書かせてアパートから追い出すことができたのは、翼があの暴行を受けた日から六カ月近くたってからのことだった。それでも美羽に電話をかけた日が、翼が暴行を受けた最後の日になった。翼は、離婚から一年目を自分の記念日だといって、「自分は奴隷でもなんでもないし、家政婦でもない」とこの出来事をふりかえる。

美羽は、翼を夫と無理やり別れさせることはしなかった。美羽は、暴行を受けた翼のそばに駆けつけて、翼の写真を記録した。美羽は毎日、翼の子どもの保育園の送り迎えをした。美羽は毎晩、翼と悠と一緒にご飯を食べた。美羽は翼が決心を固めるそのときを、ただ翼のかたわらで待ち続けた。そして、自分たちがそのような日々を送ったことを、私たちに一言も話さなかった。

＊

翼と美羽は、半年後にキャバクラをやめるという目標をたてていた。だからいまは、ひとりでも多く指名をとって、「一〇〇〇円でも多くもって帰りたい。一〇〇〇円でも多くもって帰って一日でも早くやめたい」と翼は思っている。もしも仕事をやめることができたら、夜は子どもと一緒に眠ってあげることができる。

六年間続けてきたキャバ嬢をやめることになったら、子どもを飢えさせることになってしまわないか心配ではある。だけどお金を貯めてキャバクラをやめたら、「地味にパートをして、コツコツ働いていこう」と翼は思っている。

翼は、「自分を愛するってどういうことかって、他人のために何かをしてあげるってどういうことなのかって、男に教えてもらったんじゃなくて、美羽に教えてもらった」といった。そして、「美羽はおまえのこと、絶対に助けるよ、守るよ。悠も一緒に絶対に自分が守るし、何かあるんだったら、美羽、絶対に協力するし」と美羽にいわれたことを、これからもたぶんずっと覚えていると話していた。

翼の夢は、調理学校に通うことなのだという。いまも悠にあげる食事には気を遣い、冷凍食品は使わないようにご飯をつくっている。それでも自分は、ほかの女の子たちのように、お母さんから料理をならったわけではないから、ちゃんとした料理ができているかわからない。だからいつの日か、調理学校に行けたらいいなと思っている。

翼のもうひとつの夢は、美羽の家の近くに暮らすことなのだという。もしお互いに結婚することがあっても、隣近所に住もうとふたりは話している。そして美羽に何かあったら、今度は自分が美羽を助けたいと、翼はそう思っている。

# カバンにドレスをつめこんで

鈴乃《すずの》と私は、二〇一二年の秋に初めて会った。

そのころ鈴乃は、昼は看護専門学校に通い、夜はキャバクラで働きながら、理央《りお》という子どもをひとりで育てるシングルマザーだった。

私たちは一度会ったきりだったのだけど、専門学校の長期のお休みや実習が終わるころになると、鈴乃からは手紙が届くようになった。

鈴乃の手紙には、週末に理央を連れてどこに行ったのか、実習先でどのようなことがあったのかが美しい手書きの文字で記されていて、そこには数枚の写真やプリクラが同封されていた。

写真のなかで、鈴乃は理央を抱きかかえるようにして笑っている。鈴乃と理央が行く先々で写したプリクラには、「ずっとずっといっしょだよ」とか、「大好き」という言葉が添えられていて、やっぱり鈴乃は理央と頬《ほお》を寄せるようにして笑っている。

理央には、重い脳性麻痺があった。だから理央は、歩いたり、ひとりでご飯を食べたりすることができない。

鈴乃は、理央と一緒に暮らしながら、昼間は学校に通い、夜はキャバクラに出勤する。週末になると、ショッピングセンターにも海にもどこへでも、理央を車椅子に乗せて連れて行く。それでも鈴乃がそうした毎日のことを、つらいとも、大変だとも書いたことは一度もない。

私は鈴乃から手紙が届くと、しばらくそれを持ち歩く。そして、雨が降ったり風が強かったりする週末は、ふたりは雨に降られなかったかなぁとか、理央は風邪を引かなかったかなぁとか考えながら、ゆっくり返事を書く。

返信の手紙に、たいしたことを書いた記憶はない。

実習の写真、どれも鈴乃はみんなの真ん中にいるので笑ってしまいましたとかそういうこと。戴帽式《たいぼうしき》おめでとう。キャンドルの光がきれいでびっくりしましたとかそういうこと。理央を連れて海に行ったんだね、ああ、そういえば海が夏の色になったねとかそういうこと。

鈴乃と手紙のやりとりをしていると、慌ただしい日常の速度が少しだけゆっくりになるようなかんじがした。たぶん鈴乃は、私よりも忙しい日々を過ごしている。それでも鈴乃の手紙には、どこかゆったりした時間が流れている。それは、鈴乃が日々の繰り返しを大切にするひとだからだろう。毎日の生活を綴《つづ》る鈴乃からの手紙には、すとんと風がやむような気配があった。

二〇一六年の夏に、四年ぶりに鈴乃に会った。

四年前は夜会巻きがよく似合っていた鈴乃は、髪を短くしていてショートカットになっていた。あのころは、自分のことを「鈴乃」って呼んでいたよね、幼かったよねと鈴乃は恥ずかしそうにしていた。

その日、ＩＣレコーダーをまわしながら、鈴乃のこれまでの生活のことを聞かせてもらった。

＊

鈴乃は、四人きょうだいの長女として生まれている。鈴乃には両親がいたが、鈴乃の父親は仕事をしておらず、家にもめったに帰ってこなかった。応募していた団地の抽選にあたったあとに鈴乃の両親は離婚して、鈴乃の母親は、喫茶店のウェイトレスとホステスのダブルワークをしながら四人の子どもを育ててきた。

鈴乃の母親は、ホステスの仕事が終わると家に帰って、子どもたちに朝ごはんをつくり、それからモーニングセットを出す喫茶店に出勤する。子どもたちはみんな自分で起きて、母親がつくってくれた朝ごはんを食べて、それから学校に通う。鈴乃たちのきょうだいは、みんなそうやって大きくなった。

鈴乃が高校二年生になったころ、妊娠していることがわかった。

妊娠の相手は、鈴乃が中学生のときに付き合いはじめた同級生だった。鈴乃は子どもを産みたいと思ったが、鈴乃の家族や友だちは、みんなそれに反対した。鈴乃の母親は、ふたりの年齢が若すぎることを不安に思っていた。友だちは鈴乃の恋人が暴力的なことを知っていて、それを不安に思っていた。

鈴乃は、恋人からずっとＤＶを受けていた。交際のはじめのころは、きれいにしていると浮気をするんじゃないかといって化粧を禁じ、髪型を変えると前のほうがいいと干渉してきた。それは次第にエスカレートし、携帯電話のチェックや行動の制限をするようになった。やがて鈴乃はなぐられるようになった。

鈴乃が妊娠に気がついたのは、恋人から暴力をふるわれるようになったあとだった。でも鈴乃は子どもが生まれたら、恋人の暴力はおさまるのではないかと考えていた。

鈴乃と恋人は、周囲の反対を押し切って出産することを決める。

お金がなくてアパートを借りることはできなかったので、両方の親と相談して、最初は恋人の実家で暮らし、その次は鈴乃の実家で暮らすかたちでお互いの実家を行き来しながら生活していくことになった。

一緒に暮らすようになってからも、恋人からの暴力がやむことはなかった。

鈴乃は働くことができなかったので、恋人が仕事をすることにしたのだが、その仕事を続けることができずに、よく諍《いさか》いになった。諍いになると、鈴乃は「おなかを蹴られるとかはなかったけど、首を絞《し》められたり」するなどの暴行を受けてしまう。でも、同じ家に住んでいる恋人の父親は、鈴乃がなぐられていても助けに来ることはなかったし、恋人の母親は、鈴乃が暴力をふるわれるのは両方の責任であるかのような発言をした。

――相手の親とかも気づいてるでしょ、なんで出てこないの？

親が出てきたときもありましたよ。

――お義母さん？

うん。（お義母さんは）あったけど、出てこないときも。朝、翌朝とかに、「なんか？　こっち田舎だからまわりに聞こえるのに、あんたよ！」みたいなかんじで。そのときは、一応、私も「ひどいな」って思ったんだけど。

――これは彼氏に、自分の息子にいうんじゃなくて、鈴乃に？

ふたりいるときにとか。………（でも）お姉ちゃんがいたときは、お姉ちゃんがもう入ってきて、お姉ちゃんとこいつとふたりで、ケンカなったりとか。壁穴空いたりとか、扇風機壊れたりとか。

――暴れて？

暴れて、うん、お姉ちゃんと、この、元彼氏がケンカなったりとか。

――お姉ちゃんはかばって？

そうそう、かばって。ふたりがもう大げんかになってるんですよ。

恋人の姉が鈴乃の味方をすると、今度はきょうだいで喧嘩になってしまう。鈴乃に対する暴力は、結局おさまらなかった。

そのような状況であっても、鈴乃は友だちに相談することはできなかった。

鈴乃の友だちは、別れたほうがいいと何度もアドバイスしていたが、それでも鈴乃はその反対を押し切るようなかたちで出産を決めていた。だから、いまもまだ暴行を受け続けていると、友だちに話すことはどうしてもできなかった。

――このときにはもう、行けるお家っていうのは、どこもなかったってかんじ？

なんか、こう、暴力を避けるために。

私が友だちに、理央生まれる前から、いっぱい迷惑かけてたんですよ。「こんなことがあって、助けて」っていって助けてもらったのに、「別れる」っていったのに、私がまた別れなかったりして、友だちを裏切ってってていうか。友だちからしたら、「もう別れてよ」っていわれてるのに、別れないから。

妊娠生活が七カ月を過ぎたころ、鈴乃は実家のトイレで突然、産気づく。単なる腹痛だと思って痛みに耐えているうちに、子どもが入った内膜《ないまく》が体外に出てきてしまった。自分で内膜をおさえつつ、家族とともに自家用車でいつもの病院に向かったが、その病院で母子ともに危険な状態だと判断されて、鈴乃はすぐに大病院に救急搬送された。

いったん出産がはじまってしまったため、もう出産をとめることはできない。鈴乃も極端な低血圧になってしまい、すぐに血圧をあげる処置がほどこされ、深夜、分娩がはじまった。産まれてきた理央は、ただちに保育器にいれられた。

産まれたときの理央の体重は九一四グラムで、新生児特定集中治療室（＝NICU）で治療を受ける必要のある超低体重児だった。

医師はのちに、暴行を受けるなどの強いストレスを受け続ける日々のなかで、子宮の収縮が起こり、子宮口が突然開いてしまったことが出産の原因だろうと話している。

＊

退院してからも、鈴乃は毎日、理央に会いに病院に通った。

理央は何度も危険な状態に陥《おちい》り、医師からは、退院の洋服を用意するように告げられたこともある。保育器を出ることのできない子どもの退院服を用意するということは、その子が亡くなって、家に帰る日が近いことを示している。予断を許さない状況が続いていた。

こうしたなかでも、恋人の暴行は続いていた。鈴乃は「このままでは殺される」と思い、何度も警察に駆け込んでいる。でも、入籍していないカップルの暴行は保護の対象ではないといわれ、鈴乃は警察署から追い返された。

警察に、私、何回か行ってるんですよ。

——何回か、行ってたんだ。

行ってるけど、まず結婚してない。そのときDVなんて、そんな、いまは、「DV、DV」ってこんないろんなところに、トイレとかにもカード置かれたりするけど、その当時そんなの全然なくて、彼氏彼女の関係で、籍は入ってないから、っていう時点でもうだめなんですよ。「今日おうち帰りたくないから、帰ったらもう殺されるから。おうちに帰りたくないから、ここに置いとかして」って、その（警察署の）入り口入った待合室でいっても、それもだめ。…………だめなんですよ。

相手の暴力から逃れ、警察に保護を依頼したにもかかわらず、鈴乃は追い返された。家に戻ればふたたび暴行を受けてしまう。どこにも行くことができない鈴乃は、救急患者が搬送される大病院であるK病院の待合室で時間をつぶしたり、街をひとりでさまよっているうちに出会った、見知らぬタクシーの運転手の家で夜を明かしたりした。

昔のK病院、A公園の向かいに夜行って、そこの一階の待合室で、時間を過ごしたときもあったから。

——帰れなくて？

おうち帰ったら殺されると思って。

——これは理央、産んであとだよね。

これは産んであと（中略）。

——一年五カ月のあいだ、暴力は全然おさまらなかったんだね、ずっと？

毎日あるとかではないけど、なんか……。そんときもあれ………覚えてないんですよね。……タクシーのひとに拾われてっていうのもあったんですよ。このときに、「どこ行こうかな、病院だから私はずっといれないな」と思って、出たんですよ。出て、とりあえずタクシー乗って、私も何を考えてるかわからないけど、とりあえずタクシー乗ってどこか行こうって思ったんだはず。行き先はわからず。タクシーが通るのを待っていたら、あるタクシーがとまって、「どこへ行くの？」って。「わからんけど、とりあえず走らして」っていったのかもしれない。

行くあてもなかったのに。そしたら、このタクシーの運転手さんが、またいいひとで。私が震えてたらしくて、A公園でレイプがあって、この震えてた女の子って思ったらしくて。「そんなんじゃない、こんなこんなで」ってそのひとに話していって。そしたらこのタクシーのひとが、「自分の住んでないマンションがあるから」っていって、「そこに今日だけ泊まったら?」っていって、そういうの、怖いじゃないですか、私、なんか?

——そうだよね。

「軟禁とかされたらどうしよう」とか思ってから。で、けど、「自分、大丈夫だよ」とかなんとか話していて、そこに行って、そこに住んでないからっていう状況、「自分の家は別にある」って、そこに行って。で、布団とかもあったのかな。ただ眠ってない、私、眠ってないんですよ、そのとき。記憶にも残ってる。(ひとが)入ってきても、チェーンとかも閉めて大丈夫なようにして。翌朝、そのまま出て行ったんですけど、何もいわずに。………そんなこともあって。

——一八(歳)とか、一七(歳)とか?

一七とかじゃないですか。で、翌朝なって、朝なったから、日があけたから、私もちょっと冷静になって、おうち帰って、みたいな。相手はもう怒りはおさまってるから、むしろ帰ってきてないことに対して……。

――心配して？

そう、今度はいないから、怒りはおさまってるんですよ。

警察署に保護を断わられ、助けを求めるひとが身近にいないなかで、鈴乃はひとりで演技をすることで、恋人からの暴行を回避しようともしている。

――怖くなかった？

怖さはあるけど、人間、何回もなぐられてきたら、どんどんジンブン（＝知恵が）ついてきて。なんていうの、自分がアホな、頭のアホなかんじにしたら、相手がびっくりして、とめるんですよ（笑）。

――どういう意味？

相手にやられて、私もいい返すから、余計やってくるから。自分で自分をもう、なんていうのかな、自分で自分の髪の毛引っ張ったりとか。こんなだったら、相手はびっくりして、とまるんですよ。

――自分のほうが逆上してみせるってかんじ？

そうそう！　自分が自分に対してね、逆上して、とまる。「こいつか大丈夫か？」ってなるんだはず。

――おかしくなってるんじゃないか、みたいな。

頭おかしくなってるみたいなかんじ。

鈴乃が理央を見舞う日々は、鈴乃がなぐられる日々でもあった。

病院には暴行を受けた傷痕をメイクで隠しながら通っていたが、看護師たちは鈴乃が暴行を受けていることに気づいていた。

看護師のひとりは、病院はいつでもあいているから、「何かあったら病院に逃げておいで」と鈴乃に話した。別の看護師は自分の携帯電話の番号を書いた手紙を鈴乃に渡して、いつでも自分に連絡をしてほしいと告げた。

その病院に駆け込むことも、そういってくれた看護師に電話をかけることもなかった。それでも鈴乃はそのときにもらった手紙のひとつを手帳に挟み、いまでも毎日持ち歩いている。

その手紙のなかには、「泣きたいときは、いっぱい泣いたらいいよ、鈴乃ちゃん。泣くとなんだか元気になれる」という言葉がある。鈴乃はつらいことがあると、それを読んでいっぱい泣いた。泣いたらほんとうに元気になって、もう一度がんばろうと思うことができたのだという。

＊

理央が一歳を過ぎたころ、気管切開の手術を受けて自分で呼吸ができるようになり、退院することが決まった。退院直前の最終的な検査で、理央には重い脳性麻痺があるとの診断が出た。理央は、退院してからもずっと吸引器と吸入器をつけておく必要がある。気管切開をしたあとにいれるチューブであるカニューレが外れてしまったときの処置方法、それから心肺蘇生方法など、理央と一緒に生活していくために覚えなくてはならない医療的ケアがたくさんあった。

診断の結果を聞いて鈴乃はたくさん泣いた。泣いたあと鈴乃は気持ちを立て直し、必要なことをひとつひとつ覚えて、理央を連れて家に帰った。

だが理央が家に帰ってからも、鈴乃と恋人の関係が変わることはなかった。

理央を家に連れて帰って数カ月たったある日、鈴乃と恋人は些細なことからケンカをし、鈴乃は、それをきっかけに別れることを決意する。

――家を出てきたときには、警察に行ったときには、もう別れようって思ってたかんじ？

そう、家から出た瞬間から、「もう別れよう」って思って。

――なんでそこまで、そのときは思ったの？

いままでの積み重ねもあるし。………そんときに、いまでも覚えているんですけど、ピザでケンカになったんですよ。

――ピザ？

ピザ温めるっていって、「温めスタート」押したら、熱すぎるじゃないですか？　たぶん、だから、三〇秒とか二〇秒とか、軽くチンして出したら「冷たい！」って怒られて。それにもう意味がわからんくて、「じゃあ、自分でチンしれ！」っていって、それからケンカになり。ケンカなったから、「これじゃまずいな、頭、冷やそう」と思って、外にひとりで出て行こうと思ったら。「なんで、ひとりで出るば？」みたいな、「理央も連れてけ！」みたいなかんじで、それにカチンと来て。「じゃあ、ふたりで出れっていってるんだ」と思って、もう、出ることを決めた。

――そのとき、なぐられたとかではなくて？

そのときはなぐられてはいないと思う。

――むしろ積み重ねだよね。

いままでの、そう。

――理央がそこにいて、そうやってケンカになって、っていうのが嫌だった？

そうだはず。たぶん、（理央が）帰ってきたからよけい。家に、いままで家にいなかったけど、理央、家に帰ってきたから。

恋人とケンカをしてその家を出て行くとき、鈴乃は抱っこひもを使って理央をしっかり胸に抱いた。それから、吸引器と吸入器を背負い、家を出た。そして、そこから一〇分ほどの場所にある親友の詩織《しおり》の家を目指して歩いた。話を聞いた詩織は、タクシーを呼んで、そのタクシーに乗って三人は警察署に向かった。

これまでは無視を決め込み、鈴乃を追い返していた警察も、理央を抱いた鈴乃を見てようやく動いた。鈴乃と理央はすぐに、警察署から最も近いシェルターに保護されることが決まった。だがそのシェルターでは医療的な措置がとれないということで、鈴乃はシェルターに、理央は医療的措置がとれる病院に別れて暮らすことになった。

保護されて、鈴乃は久しぶりにほっとする。職員は親身になって鈴乃の話を聞き、「こんなにいいひとがいるんだ」と鈴乃は驚いたのだという。シェルターの職員は、今後鈴乃が恋人から暴行を受けることがないように、接近禁止令を出す手はずを整えてくれた。

また、理央と離れることになった鈴乃の様子を見て判断したのだろう。週に一回は、理央のいる病院に、鈴乃が泊まることができるように手配をしてくれた。

理央のところに泊まりに行ってた。離れるのも初めてで、きつかったから（中略）。

――そこに同じ部屋に、一緒に寝て、みたいな？

理央のベッドに眠って、みたいな。一週間に一回。

――眠れそう（笑）？

普通、みんな小児科（で）は眠るじゃないですか（笑）。普通に、親子で。

保護されて三週間たったころ、接近禁止令も出た。鈴乃はシェルターを出て、実家に戻ることになった。これまで暮らしていた恋人の実家に荷物をとりに行く必要があった。鈴乃は、警察に依頼し、警察官立ち会いのもとで恋人の実家に行った。荷物をまとめているあいだ恋人はそばにいたが、鈴乃は一言も言葉を交わさなかった。

そのときからずっと、鈴乃は恋人に会っていない。

＊

理央と一緒に実家に帰ると、鈴乃は外に出ることができなくなってしまった。シェルターで保護されて落ち着いた日々を送るようになると、暴力に遭うことを以前よりも怖いと思うようになっていた。元恋人に会う可能性があると思うと、外に出ることが怖い。鈴乃は理央とふたりで、家に閉じこもる。

だが鈴乃は理央のために、ふたたび外に出るようになる。理央の担当となった保健師は、自宅を訪問したときに鈴乃の相談に乗り、それからは鈴乃を自分の車で連れ出して、リハビリのための療育センターに連れて行ってくれた。

しばらくは私、ずっと、もう何もしてなかったから、何カ月間か、ずっとおうちに閉じこもりきり。で、それから理央がセンターも行くとかなんとか、療育センターも通うとか、保健師さんに相談しながら。保健師さんがまたいろいろやってくれたんですよ。私がもう車もなかったから、保健師さんが車を出して、「療育センターにこういうところがあるから」っていって、見学行ったり。こういうのをこの保健師さん、この方、Kさんっていうんだけど、いまは県に異動になったって、とってもお世話になった保健師さんがいて（中略）。最後に電話かかってきて、「県に異動になったから」、たぶん県庁ですかね、「異動になったから、ちがうひとが担当になるからね」みたいなかんじで電話かかってきて。このひとがほんとにいろいろやってくれたんですよ。こんな状況とかもわかってるから、話したりとかして、相談とかいろいろ乗ってくれて。

実家に戻ってきて二、三カ月が過ぎると、保健師さんと一緒に理央の療育センターに出かけたりしながら、鈴乃は少しずつ外に出ることができるようになった。

鈴乃は、仕事をすることを考えるようになる。昼間は理央を預けられるところがないので、その時間に働くことはできなかった。でも夕方になって、鈴乃の母親が仕事から帰ってくれば、理央をお願いすることができる。
鈴乃は、時間制のキャバクラの面接を受けた。だが面接に出かけた時間制のキャバクラでは身分証による年齢の確認があって、そのとき一七歳だった鈴乃は働くことができなかった。
鈴乃は、ボトル制[1]のキャバクラを経営していた友だちの母親に頼み込んで、その店で働かせてもらうことにした。

——最初っから、ボトル制?

ボトル制です。あの、その当時は、身分証確認されるんですよ、時間制。時間制でも、この身分証、で保険証か、あと、自分の高校卒業のアルバムもってきてっていわれるから、どっちもないから、できない。

——じゃあ、ボトル制はそういう年齢確認が?

甘い(中略)。

――このお店はだれが紹介してくれたの?

紹介っていうか、友だちのお母さんがやってたお店なんだけど、

――「来ない?」って?

来ないっていうか、………「働かせて」、みたいな。

――あ、お願いしたんだ。これは中学校のときの友だち?

そうです。………時間制も何個か行ったけど、全部、身分証確認されるから、できなかった。

昼間は理央の面倒を見て、夜はキャバクラで仕事をする生活がはじまった。

1 客はテーブルチャージを払い自分の好きなお酒を注文し、支払いをする。ボトル制の客層は時間制の客層よりも年齢が高い。

その年の三月、鈴乃の仲のよい中学時代からの友だちが高校を卒業した。卒業を祝うために友だちの卒業式に出席して、鈴乃は後悔する。

その年の、年明けてからかな。お家帰ってきてから、「心機一転、また通おうかな」みたいな、自分の気持ち的な。その当時また、友だちなんかが高校卒業の時代だったんですよ。で、卒業式とか行って、「自分、何やってるんだろう」とか思って。

——だれの卒業式行ったの？

T高校。友だちの。

——詩織さんの？

ううん、詩織は一年留年してるから（笑）。あ、中学校の友だちの。

——じゃあ、ずっと一緒にいた子たちだね。お花もっていったんだ？

そうです。あ、花じゃなくて、首飾りもってから、みんなに（中略）。「みんなもう卒業するんだ、自分は何してるんだろう」みたいな。

友だちの卒業式に出た鈴乃は、もう一度高校に戻ることに決めた。理央を預ける先がないので、昼間は難しい。でも定時制高校だったら、通うことができる。

＊

四月になって、鈴乃は休学していた高校の定時制課程に入りなおした。

鈴乃は夕方になると、カバンにドレスをつめこんで学校に行き、夜、学校が終わったらそのまま、キャバクラに出勤するようになる。

——このお店で何年間？　しばらく？

三年半、ぐらい。

――長いね。じゃあ、そこで働いて、学校に戻って。

うん、学校が終わったら、そこに行くんですよ。

――ドレスとかもつっこんで。

そう、ドレスつっこんで！　カバンにいれて、学校行って！　たまに、その当時のお客さんとかに会うと、年ごまかしてるから、「いまはもう時効だよね」とかって、話してるんですけど（笑）。

――週にどれぐらい？

週に三回とかぐらいしか、出勤してなかった。

――三回、これはいつ？　学校の日？

学校の日。

——大変だったね。

うーん、でも、毎日出勤してたときもありますよ。そのお店とは別（の店）で働いてたときもあったし。

もう一度戻った高校生活はとても楽しかったし、店にやってくる客もママもとても親切だった。

その生活を送るうちに、鈴乃は次第に看護師になりたいという思いを抱くようになる。鈴乃がＤＶを受けていることに気づき、声をかけてくれた看護師たちに、鈴乃はずっと憧れていた。ちょうど、鈴乃が定時制高校を卒業する翌年は、理央が小学生になる年でもある。理央が小学校に行くようになれば、昼間は塾で勉強できるようになる。鈴乃は、看護師専門学校を受験するための、塾に行くことはできないか考えた。

——塾に通いはじめたのは、卒業してから？

うん。定時（制高校を）卒業して、そのときに学校通うなら、この理央の家庭環境を整えないと学校通えないじゃないですか。だから、それを整えるために、理央が小学校あがるとき、あがる前だったんですよ、だから、「小学校はどんな状況なのか」とかがあって、塾も何も通ってない時期があった。「ほんとに、自分が学校行けるのか」っていうのを、わかるために。

――うん……。理央が八時に（小）学校に行って、四時半とかまで学校で（過ごす）？

それまで保育園のときまでは、病児保育。普通の保育園も預けられないし、朝、（療育センターに）行ったらお昼には、一時には、一〇時（に）行ったら一時にお迎えだし、そういう毎日の生活だった。そこで、なんか私、塾に行けないじゃないですか。で、小学校あがるからってなって、小学校は朝から、小学校あがる前に施設が、あの、朝から夕方まで預かってくれるのがあるのを知って。………通ったのかな。小学校あがる前だから、慣らしでやったのかな?……慣らしでやって、小学校あがったらこんなかんじになるっていうのをやって。そのリズムを、まず入らないとわからないからっていうので、様子見て。で、その小学校も、親が付き添いだったんですよ、はじめは医療的ケアが必要だから。

――そうなんだ。……大変だね。

でも、私よりか上のお母さんなんかは、ずっと、付き添いでやってます。……学校もどこにするかで悩んで、「普通の学校、みんなの声があるところがいいのか」とか、「どこにあるのか、特別支援学校がいいのか」、あと、K小も見学も行ったんですよ。K小だったら、バスがあるとか、「そしたら理央はバスでも使えるのか」とか。「家から遠いけどバスがあるから送り迎えやらなくていいから、ちょっとは楽になるのかな」とか、考えながら。で、最終的に、特別支援学校に決めて。（でも）医療的ケアが必要だから、「親が付き添い」になって、それを、こう、リハビリの先生が、「理央は全部、自分で痰《たん》を出せるから、つかなくても大丈夫」っていってくれて。そのとき私も、学校に行ってて、定時制に通ってたから、「お母さんも学校行きたいから」って、そういうのいってくれて、付き添いやらなくてもよくなったんですよ。はじめは付き添いしたんですけど、学校側が慣れるまでは、っていう。

――四月、五月ぐらい？

そうですね。

——二ヵ月ぐらい？

うん。………行って、ご飯のあげ方とかを教えて、とか。いまは、学校と、医療センターが共同体みたいになってから、どの親も、付き添いしないで大丈夫なってるんですけど、私より下のひとたちは、普通にもう、普通に。けど、その理央のときは、付き添いやる時代だから。全部もう、私なんかのときは変わり目の節が多いです、いろいろ。社会が……。

理央が小学生になり、数ヵ月の付き添いをへて生活が落ち着いた二〇〇九年の九月、鈴乃は看護専門学校を受験するための塾に通いはじめた。そしてその三年後の二〇一二年の四月、鈴乃は看護専門学校に合格し、通うようになった。

看護学校での生活は充実していた。友だちにも恵まれたし、勉強することも楽しかった。なによりひとつひとつのことが、看護師という仕事につながっていくことも実感できた。

もしも看護師になれたら、鈴乃は小児科病棟で働きたいと思っていた。理央がNICUにいたときに、看護師たちが声をかけて励ましてくれたことが、鈴乃が看護師になろうと思った原点だった。子どもの闘病生活では、患者である子どもだけではなく家族も含めたケアが必要となる。だから小児科病棟に勤務することで、自分が助けてもらったことを、今度はほかのひとたちに返してあげたいと思っていた。

平日は、朝九時から夕方五時の学校を終えると宿題をこなすことがやっとだったので、キャバクラの出勤は、金曜日と土曜日の週二回に変えた。週末は理央を連れてあちこち出かけながら、鈴乃は勉強を続けた。

＊

看護専門学校三年生の最後の実習は、産まれたばかりの理央が入院していた病院だった。

実習一日目、理央を見てくれていた看護師が、師長になっていることに鈴乃は気づいた。声をかけたいと思ったが、実習生が師長に気軽に声をかけてはいけないと思い、一日を過ごす。だがその日の終わり、鈴乃は師長に呼び出された。

その日の帰りかな、「鈴乃さん、ちょっとおいで」っていわれて、この師長さんに。「は?! なにしたの」って思ってから、ドキドキ、「なに、いわれるのかな」って、ドキドキしながら行ったら、「理央のママでしょ」っていわれて、「がんばってるさぁ！」みたいになってから。そのとき、「私も声かけたかったけど、かけられなかったよ」っていうの。「話して、すぐわかるよ」っていってから、「嬉しかった」って。

また、同じ病院で行われたICUの実習のときには、NICUで係長をしていた看護師もいた。そのひともまた、鈴乃に気がついて声をかけてきた。

そのときのICUも、その当時、NICUの係長だったひとが、師長になってるんですよ。で、そのときに、オペ室やって、ICU見学だったので、顔が見えない状態で。

――マスクだもんね。

マスクだったのに、「理央のマーマでしょ」ってから、たぶん、名簿もってたからわかるかもしれないけど、係長から話しかけてくれてから。「大変な仕事だけど、がんばってよー！」って。

実習期間は、理央が入院していたときにお世話になった看護師に再会し、鈴乃がいま看護師のタマゴになっていることを喜んでもらう日々だった。

確かにそうだろう。あのころ暴行を受けながら、産まれたばかりの子どもの看護をひとりでしていた女の子が、看護師になろうとしている最後の実習に立ち会えたのだから。あのころの鈴乃と理央を知るひとはみな、最後の実習をむかえた鈴乃の姿を見て嬉しくないはずがない。

それでも鈴乃は実習のときのことを、必ずしも笑顔で語るわけではない。

実習期間中に、理央の面倒を見てくれていた鈴乃のお母さんが、ぎっくり腰になってしまい、理央を持ち上げたり、介助することが難しくなってしまった。

鈴乃は、理央を施設にいれることをひとりで決断する。

理央が通っている学校に隣接する医療センターは、理央が二歳になる少し前から通い続けているリハビリ施設だった。理央はそこに入所することが決まる。その場所もそこにいるスタッフも、ふたりにとっては慣れ親しんだものである。でも、いくら馴染みの場所であるとはいえ、理央がまだ赤ちゃんのときに病院を退院してから一一年間、鈴乃と理央はずっと一緒に暮らしてきた。鈴乃と理央は離れて暮らすことになる。

（医療センターの）通園の先生なんかが、「理央のお母さん、決断早かったけど、自分で決めてたの？」とかいってから、私も最終的な覚悟は一応してはいたから、「こんなときはもうこうする」っていうのは。「だから一応、覚悟はしていて、自分のなかで決めてた部分はあったよ」って話はしたんですけど、保育士の先生たちと。

――よくわかっているところだから、知ってるひともいるし……。知ってるひとたちがずっと見てくれてるから、安心だよね。

だけどもう、最初はきつかったですよ。

――きつかった。

きつかった。……きつかった。……預けることに対してのの。

——おうちで見たかった？

……うん。

——おうちで見たかった。

……うん。

——この気持ちとかは、だれが、聞いてくれてたの？

……そうだな、……だれにも話してない。……ああ、でも、そこに入所してる子で、お母さんに看護師やってるひとがいて、もう、めっちゃきついときに、そのお母さんに駐車場で会って、「きつい—」って泣いたときがあったんだけど。

——それは看護師さんになってたとき？　それとも実習のとき？

それは実習中。実習の、三年のとき。「きついー」って話して。いままで自分で、ね……。育ててきてるから。なんか「自分の夢のために、理央をこんなする必要があるのか」「そこまで、私が仕事するために、私は看護師なる必要があるのか」って思ったし。だけど、仕事して生活しないと。………ね、お金、生活費、稼がないと、とも思うし……。

鈴乃はだれにも相談せず、理央を施設に預けることを決めた。

これからも多忙を極めるであろう残りの実習や、学校に戻ってからの病院の採用試験などの就職活動、そして家族の健康状態を考えると、理央を在宅で育てることはもう限界に近いとよくわかっていた。

それでも、鈴乃は無念だった。障がいをもっていても、在宅で暮らしていける制度があれば、変わらずに理央と暮らしていけるはずなのに。

このときの話をすると、いまでも鈴乃は泣く。

＊

実習が終わって学校に戻った鈴乃は、働きたい病院を三つに絞った。

長い闘病生活を送る子どもたちがいる病院で働きたいと思っていたので、小児外科のある病院ふたつと、自宅から近い総合病院を選び、その三つの病院の採用試験を受けることにした。だが小児外科のあるふたつの病院の採用は決まらず、第三希望の総合病院に採用が決まった。

それまで鈴乃は患者をケアすることを考えていたので、病棟勤務だけを希望していたが、実習を経て、人間の身体を根本的に学ぶことや、オペをチームプレイで乗り切っていくこともおもしろいとも思うようになっていた。そしてオペ室を第二希望に書いたら、鈴乃はオペ室への配属になった。

いまでは第三希望だった病院に決まり、第二希望だったオペ室に配属になったことを、ほんとうによかったと鈴乃は考えるようになっている。というのも、いまのように理央と暮らしていくことができないなかで、小児科のある病院に配属されていたら、目の前にいる子どもたちを看護することは、自分にとってあまりにもつらいことになったのではないかと思うからだ。

もし（毎日、家に）理央がいるなら、自分自身も小児科で働くことはできても、いま、理央と住んでない状態で、もう私が、小児科では働ききれない。やっぱり自分とかぶせてしまう、………「自分の子を見れてないのに、あの子を見てる場合じゃない」とかって思う。思ってしまう自分がいるのが、自分でわかる。

初めての病院勤務は覚えなくてはならないことが多く、勉強しないといけないことがたくさんあった。それでも鈴乃は、理央を施設に預けてからも、毎日理央に会いに行っていた。

仕事が終わると、鈴乃はまっすぐ施設に出かけて理央に会っている。そしてそのとき、洗いたての理央の服を預け、理央の使った洗濯物をもらって帰路につく。

洗濯物とかも、ほんとうは、施設でやってはくれるんだけど、私はもう家で洗いますっていってから、家でやってるんだけど。

——いまも？

あ、いまもやってます。

——とりに行ってるの？

毎日、ほとんど毎日、センターには行っていて……。でもなんか、洗濯物までもなんか、そこがやったら、自分なにをすればいいかって……。

――こんなに、いっぱいやってあげてもそう思うんだ。

いまも、理央の学校の支度も、そこがお着替えもやったり、ご飯食べさせて、学校も連れて行ってってやってるじゃないですか。そしたら、私、理央のこと、何も、………何もできてないって思うし。

――そうなんだ。

だから、洗濯ぐらいはやりたい。家で……。でもいま、オペ室いるから、あれです、週末は連れて帰ってきてるんですよ。オペ室は基本、日曜日、祝祭日休みなんですよ。だから、いままでの生活リズムをくずさずに、週末は家に帰ってくるっていうことが続けられてるんですよ。だけどそれが病棟だったら、シフト制だから、土日祝祭日関係ないじゃないですか。だからこれも運命なのかなって思うし、そこに配属されたっていう、この生活リズムをくずさずにできるっていう。

運命なのかな？　病棟だったら、もう普通にもうできないから。お正月も、オペ室は休みなんですよ。一応はそこも落ち着いて帰ってこれるし。……とりあえずいまは、平日は、私は仕事がんばって、週末はどこかにお出かけして、楽しいことやって。

週末になると、鈴乃は理央を自宅に連れて帰って一緒に過ごし、そして前と変わらず、あちこち出かけていた。そうやって理央を連れて出かけることは、当たり前のことを当たり前にしたいだけだと、鈴乃はそう話している。

入院生活も、たぶん長かったのもあるかな。はじめ、生まれてきてから、「生きるか死ぬか」だったから。そのときには、「生きてほしい」って思うし、「生きてほしい」。これが三回ぐらいあったんですよ。「洋服を準備して」までいわれてるんで。それから「生きてほしい」って思って。今度は安定して「生きています」。そしたら、人間って欲が出てくるんですよ。「退院したい」って。そしたら「退院するためにはどうするか」ったら、手術しかないんで、もうずっと長いあいだ、病院にいるから。今度は、「手術をしました、退院です」ってなったら、今度は、「いろんなところ連れて行きたい」「公園行きたい」「どこに行きたい？」「ジャスコとかも行きたい！」。普通の生活が、いままで自分なんか、普通の生活が、当たり前にできなかったから。理央は自分で呼吸もできない、挿管《そうかん》されてないから。挿管されたら、ご飯は食べれない、鼻からご飯が入ってます。で、普通におうちで眠れない。おうちに帰れない。病院で、「当たり前のこと、普通の生活って普通じゃないんだな」っていうことに気づいたから。余計、「そう、させたい」って思う。

――当たり前が大事だから、させてあげたい？

うん。当たり前のことをさせたいっていう。それを私がいままで当たり前にやってきたから。そういうのと関わってないからわからない、わからなかったし、まず、「息ができないってなに？」って思って。「息するって、当たり前のことじゃないの？」って思って。気管切開ってことすらもわからなかったし。人工呼吸器で生きてるひとがいること自体も、その当時私はわからなかったし、そういう存在のひとすらも。

理央が生まれて、鈴乃の景色は一変した。自力で呼吸ができなかった理央は、気管切開をして、自分で呼吸ができるようになった。ずっとチューブで栄養をとっていた理央は、「ごっくん」と食べ物を飲み込めるようになった。できないといわれていたことを、理央はひとつひとつできるようになった。それは全部、嬉しいことだった。

いままで知らなかった障がいをもって生きるひとのこと、脳性麻痺をもち生活すること、病院で生活するひとたちのこと、鈴乃は理央のおかげで、自分はいろいろなことを知ることができたと話す。そして、「理央がいなかったら、ずーっと私はアホだったかも」と笑う。

*

最近、鈴乃には恋人ができた。それは鈴乃がキャバクラで仕事をしていたころ、店に顔を出してくれていた客のひとりだった。

その男性は、鈴乃の学校や初めての仕事が忙しいだろうと、ずっと声をかけるのをためらっていたのだという。看護師になって二年目になったいまは少し落ち着いた時期かもしれないと思い、鈴乃をデートに誘った。

それまでは、男性を信頼することができないと思っていた鈴乃だが、一緒に過ごしていると自分がくつろいでいることに驚くのだという。

恋人とは、仕事の終わった平日の夜に会うことが多い。たいていふたりで海に出かけて、波の音を聞きながら過ごしている。

夜の海なんですよ、夜なんですよ、行って、ただぼうっとするっていうか、音聞いて、座って、みたいな。海が多いかな。あちこちの海行って、しかもわからないところをいろいろわかってるから。地元のひとしかわからない場所とか。私もそこは絶対、ひとりでは道がわからないから行ききれない。

——じゃあ、ぼうっとして。

うん、「もう夜だから帰ろうか」みたいな。帰って。

——なんかね、いつも、ほら、機械のそばで、すごい精密な、身体を見る仕事してるから。なんか音がね、ぱしゃぱしゃって。いいね、夜の波の音が。

そう、夜の波も、音もいいし、風もいいし、星もいいし。ちょっと私、星もわかるようになってきてるんですよ。

――すごい。

いろいろ。北斗七星とかオリオン座。なんか、ふたりでいろいろ。星をいろいろわかるから、オリオン座は南の空にあるから、あっち側がじゃあ、南だから、……南の反対は、あっちは北だね、とか。ちょっと、星は私もわかるようになってきた。


鈴乃は一六歳のときに母になり、ひとりで理央を抱いてひたすら走ってきた。

産まれたときには人工呼吸器をつけて、チューブでミルクを飲んでいた理央は、自力呼吸が可能になり、ご飯を飲み込む嚥下《えんげ》の練習を何度も繰り返して、いまは刻み食を食べるようになっている。

鈴乃は、そうやって理央のできることをひとつひとつ増やしながら、DVサバイバーとして回復して、もう一度高校に戻り、そこを卒業して看護専門学校に通い、その間もずっと、生活のためにキャバクラで働き続けてきた。そうした日々を過ごしながら鈴乃は看護師になり、その仕事も二年目を迎えた。そしてようやく最近になって、理央にだけ向かっていた時間が少しだけほどけ、鈴乃は恋人と一緒に海のほとりで星を見る日々を手にするようになっている。

それにしても、鈴乃はなぜこんなにもがんばり続けないといけないのだろうか。

鈴乃は、暴行を受けてシェルターに入り、その後は養育費も慰謝料ももらわずに、ずっとひとりで理央を育てている。気管切開をしている理央を長時間預けることのできる保育園は、どこにもなかった。理央と暮らしている一一年間、家での介助は、鈴乃と鈴乃の母親が交代しながら行っていた。鈴乃が週末、施設から理央を迎えて家に帰る車は、いまもまだ小さな軽自動車だ。

鈴乃はいつも、車椅子を押してひとりで理央を抱えて車に乗せて、そしてもう一度車椅子を折りたたんで小さな車にそれを乗せてから、理央と一緒に移動する。

昔は何も怖くなかったのに、いまは何もかも怖いと鈴乃はいう。

四年ぶりに会った日、鈴乃は相模原で起こった事件のことを、語ることもできなかった。ただつらいとだけいって、鈴乃は静かに泣いた。

鈴乃が、当たり前のことを当たり前にさせてあげたいといって、理央をショッピングセンターや海に連れて行くのは、当たり前のことを当たり前にさせてくれない社会に対する闘いでもあるのだろう。

理央が生まれるまで、自分はこういう子どもが世の中にいることを知らなかったと鈴乃はいった。だから、ちゃんと理央たちが存在していることを、社会に知らせなくてはならないと思っていると鈴乃は話す。

鈴乃はオペ室勤務でひとの身体のことをひととおり学んだあとは、訪問看護師になりたいと思っている。病気や障がいをもちながら、ほんとうは家で暮らしたいと思っているひとたちが世の中にはいる。だから自分は、そういったひとたちのそばにいて、一緒に暮らしをつくっていく看護師になりたいと、鈴乃はそう思っている。


今日も鈴乃は、仕事が終わると理央に会いに施設に行く。そして施設で理央の使った服をもらって家に帰り、それから、洗濯機をまわして理央の服を洗う。

夜は一二時には眠りにつく。朝は六時に起きている。

学校に通っているとき、鈴乃のカバンにはドレスが入っていた。いま鈴乃のカバンには、看護師の制服と洗いたての理央の服が入っている。

# 病院の待合室で

産婦人科の待合室で名前が呼ばれるのを、亜矢《あや》とふたりで待っていた。こうやって一緒に病院にやってきたのは、亜矢から電話をもらったからだ。

友だちの妊娠検査薬に付き合って、もう一本余っているから、ノリでやってみたら、友だちは出なくて、亜矢のほうが赤い線出て、わかる？　赤っていうかピンクの線？

――わかる。

産めないから、堕《お》ろすってなって、宮国《みやぐに》病院に友だちと行ったら、女の医者が出てきて、未成年だから手術できないとか、だれの子ですか、エイズかもしれないからうちではできないとか、検査してからとか、いろんなことをいわれて。

……どうすればいいかなと思って。

――病院、一緒、行く？

いいの？

――いいよ。………一緒に行って、どうしてできないのか確認しよう。エイズだったら、どうすればいいか教えてもらって考えればいいさ。一緒に、もう一回、行こうよ、病院。別のとこでもいいし。

私と亜矢は、もともとは調査のインタビューがきっかけで知り合いになった。キャバ嬢として働く亜矢に会った最初のころ、亜矢の年齢は一九歳だと聞いていたが、きちんと話を聞いたら、亜矢は未成年で子どものいるシングルマザーだった。それでもきらびやかなドレスを着て、夜の街をさっそうと歩く亜矢は、大人っぽくて、だれかに助けてほしいといいそうな子には見えなかった。

その亜矢が電話をかけてきたのだから、よっぽど困っているということなのだろう。確かにそうだ。中絶手術を希望する女性にとって、手術を拒否されるのは新たに病院を探さないといけないことを意味する。さらに、手術を拒否する理由が、エイズに罹《り》患《かん》している可能性があるからだといわれれば、自分自身の身体への不安も抱えることになる。

――ひどいね、その医者。おんな?

おんな。「爆サイ」にも書かれていた、「くそ最悪」って。親がたぶん宮国病院の医院長。

「爆サイ」というインターネット上のコミュニティサイトでも話題になっているという、病院名と同じ苗字のその医師は、確かに「くそ最悪」だった。診察室に入った亜矢と私をじろじろ眺め、初めて会った私に亜矢との血縁を尋ね、血縁関係はないと私がいうと、「自分のお母さんには話せないんですか?」と、咎《とが》めるような口調で亜矢に尋ねた。「話してもいいよ、でも協力とか絶対してくれないよ、付き添いもないよ」といって、亜矢は黙りこんだ。医師がふたたび、「子どもはだれの子どもですか?」と話しかけると、亜矢は間髪いれずに、「あたしの子」といってまた黙った。「一人目の子どもの父親はだれですか?」と医師が尋ねると、「不詳!」と亜矢はいった。

医師が大げさなため息をついたあと、「性病をもっているかもしれないので」といいかけたので、「STD(=性感染症)、エイズの検査もろもろ、今日お願いします。ここ、病院ですよね?」と、私は一息にいった。そうしたらようやく私の顔をじっと見て、「あなたは、どなたですか?」と聞いてきたので、名刺を渡して私も黙った。

看護師がやってきて、エコーを見るために移動するよう亜矢を促す。

名刺を前にして、パソコンの前に座ったままの医師に、「おふたりは、どういう関係ですか」と問われる。立ち上がった亜矢に、「私、話していい?」と尋ねると、「いいよ」といわれる。亜矢がカーテンの向こう側に移動するのを見届けてから、「宮国病院には、レイプされた方は来ますか?」と尋ねた。「来ますが」と医師はいった。「私、レイプサバイバーの予後を支援しています」といって、私は医師の顔をにらんだ。

そもそも「妊娠すること」は、そのひとの置かれた生活の文脈によって異なる意味をもつ。妊娠を望んでいるならば、それは幸せなことのひとつになるし、妊娠を望んでいないならば、それは苦悩のひとつになる。それでも病院は、妊娠という出来事を媒介にしながら、産める状況にいる女性をよきものとし、産めない状況にいる女性を否定しようとする。

医師は、亜矢が答えたくないであろう質問を矢継ぎ早に繰り返し、亜矢の妊娠を問題にした。そして亜矢の子どもの父親と、亜矢が妊娠している子どもの父親が異なることをあえて可視化して、亜矢のことを異端とみなした。

医師からの質問に、亜矢が「ただちに戦闘開始」という姿勢になるのは、そのような眼差しのもとで否定されて尊厳を奪われるようなことが、亜矢の日常生活にあふれているからだ。

あなたが知っている生活がすべてではないと、その医師の顔をひっぱたいてやりたいと私は思った。だがその一方で、自分にも怒っていた。亜矢に関わることを話すのは、亜矢でなくてはいけなかった。自分の顔もひっぱたいてやりたいと思いながら、硬い椅子に座って亜矢を待つ。

亜矢が戻ってきて、手術日を決めて部屋を出ると、診察室にいた看護師が追いかけてきた。看護師は、別室に移動するように亜矢を促して、亜矢を椅子に座らせてから、もう一度手術の同意書を取り出すように話した。それから名前を記入する箇所をマークし、同意書の必要な理由を説明し、メモ帳にカレンダーを書いて、「手術の日まで体調を整えないといけないよ」と亜矢にいった。そして、「仕事なに？」「飲み屋」「だったら、仕事は休んだほうがいいんだけど」と話した。「ま、休むよ」と亜矢はいって、それから、「エイズだったらできない？」と尋ねた。それを聞いた看護師は目を丸くして、「はぁ、もう、あんたよ、だったら大変さ、もう」、と亜矢の膝《ひざ》をぴしゃっと叩いた。そして、「それでも、できるから大丈夫！」といった。それから看護師は私のほうを見て、「全身麻酔なので、手術の日は付き添いがいたほうがいいです」といい、「できればあなたが、付き添ってください」といった。

看護師がいなくなってから、亜矢は、「あのひと、うける」といった。「優しかったね」と私がいうと、「あのひとはいいひとだ」と亜矢はいった。

亜矢のひとに対する見立てや評価はたいていてい正しい。看護師は、亜矢のそばにいる私に、亜矢の手術を説明しなかった。看護師は、手術を受ける亜矢に手術のことを説明し、亜矢の不安を聞き出してそれに答えた。看護師が問うていたのは、当事者である亜矢の気持ちであり、亜矢の不安だった。

ときどきこういう看護師がいる。医師がどれだけ「くそ最悪」でも、こういう看護師によって、患者は勇気を得て、治療に向かっていこうとするのだろう。

＊

移動した待合室の天井近くには、テレビが設置されていた。夕方のニュース番組では、アルコール依存症の女性たちの特集がなされていた。治療中の女性たちが、自分が酒を飲みはじめたきっかけについて話し、キャスターは、女性のほうがアルコール依存になりやすいのだと解説していた。

ぼんやりテレビを見ていると、亜矢に話しかけられる。

亜矢さ、こんななりそうじゃん？

——ん？

こんなにのんべーでさ、将来、アル中とかなっていそう（笑）。

——ならないよ。

なんでー？

——肝臓強いし。

そこ（笑）？

——そこ（笑）。……でもさー、ひとりで子ども育てて、仕事しているじゃない。亜矢、ほんと偉いよ。その歳だったらさー、普通、親に甘えて高校とか行かせてもらっている歳じゃん？………だからさ、二〇歳《はたち》くらいまでに、だんだん落ち着けばいいんだよ。

へー、そうかー。

――そうだよ。

亜矢が二〇歳になるまで、あと三年もかかるのかとあらためて思う。いま、がんばって暮らしていること、もっとゆっくり大人になっていいことをどのように伝えたらよいのだろうと思う。そう思う一方で、どのように伝えようともこれが亜矢の生活であり、もうすでに背負っているものがあるのだから、私はそれを尊重しないといけないとも思う。そう考えると、それ以上、亜矢にかけてあげる言葉が見つからなくなる。

その日の病院は長かった。私も亜矢も、たぶん、ほんとうに疲れていた。

亜矢が黙りこんでしまったので、「待つの、結構、時間かかったね」と、私のほうから話しかけた。そしたら亜矢が、「いままでの最長記録、一番長くいたかも」といった。不思議になって思わず、「あれ、あのとき、病院はどうしたの」と尋ねた。亜矢は「あぁ、あのときは」と話し出す。

あぁ、あのときは、ＩＣＵに入ったから、待ち時間はゼロだったよ。

「あのとき」は、私たちにとって、もう、あのときだと決まっていた。

*

亜矢は、中学二年生のときに集団レイプされていた。深夜、年上の恋人と一緒にいるときに警察官に補導されたが、連れて行かれた警察署をひとりで脱走し、基地のそばで三人の男たちに拉致されて、レイプされた。翌日の夕方になって、男たちから呼び出された別の男の車で、亜矢はようやく地元に帰ることができた。

地元に帰った亜矢は友だちと会い、友だちが恋人を呼び出して、恋人が亜矢を病院に連れて行った。亜矢は親に事件のことを隠していたけれど、病院からの知らせで亜矢の親は事件を知った。

その後、地元の警察が学校に連絡をとり、亜矢と亜矢の親を呼び出した。だが、警察の取り調べを恐れた亜矢の親は事件を隠し、事件は事件にすらならなかった。

男たちはだれひとり逮捕されず、亜矢は保護されることもなかった。

あのときどのようなことが起こったのかは知っていたけれど、病院の待合室で尋ねるそのときまで、病院に緊急外来で入ったことや、そうする必要のあった亜矢の身体の状態を私は知らなかった。

テレビを見ているふりをする。上を見ていれば涙はこぼれないで済む。

＊

私が亜矢に初めて会ったのは、亜矢がまだ一七歳のころだった。

ほんとうの年齢を隠して働いていた亜矢だったが、年齢が一九歳だというと、たいていそれで疑われることはなかった。亜矢のほんとうの年齢は、あちこちで秘密になっていて、業界関係者と亜矢の話題が出ると、みんな当然のように、あの子、一九歳だよね、と話していた。

初めて一緒にご飯を食べた日、やっぱり私も一九歳だといわれた。チキンドリアを頼んだ私が、それを食べこぼすと、亜矢はにやっと笑った。あ、こいつ、ヤンキーだと思いながら、「歳、いくつねー？」と聞いたら、「じゅうーく」といった。「へぇ、何歳から働きはじめたの？」と聞くと、亜矢は「去年かな」といった。「あ、一八で？　朝キャバ？」と聞いた瞬間、亜矢はイラッとした顔をして、「はー、あんまさい（＝面倒くさい）！」と質問を打ち切った。スピード早いな、こいつ、やっぱり本物のヤンキーだと思った。

ほんとうはそれで終わってしまいそうな関係だったのに、打越さんが亜矢に連絡をとってインタビューのお願いをしたら引き受けてくれて、一週間後には亜矢に会うことが決まった。

それでも待ち合わせの時刻になっても亜矢はあらわれず、打越さんが電話をかけたら、いま、起きたところと亜矢はいった。

亜矢とようやく会えたときには、約束の時間からだいぶたって、日も傾きかけていた。打越さんとふたりで待ち合わせ場所に立っていると、店の前までタクシーで乗り付けた亜矢はゆうゆうと歩いてやってきた。打越さんとふたりで、いやぁ、なかなか大物ですねと見ていると、近づいてきた亜矢は、起きたら約束の時間でびびった！と、にこにこ笑った。そんなふうにいわれると、ずいぶん待たされたはずなのに、会えたことがただただ嬉しくなって私たちは大笑いしてしまった。

それからひと気のない店の奥の席で、亜矢にインタビューをはじめた。亜矢へのインタビュー項目は、キャバクラでの仕事のこと、中学校生活、異性関係、家族との関係などがあげられていたが、その日の聞き取りのほとんどは、仕事と中学時代のことだけになった。聞き取るべき話があまりにも多かったからだ。

中学からヤンキーになった亜矢は、中学一年生のころには、もう真面目に授業を受けなくなっていた。学校の界隈にあるコンビニや学校の体育館裏などで、友だちと一緒に煙草を吸いながら過ごすのが亜矢たちの日課だった。

亜矢たちは教師の姿を見かけると、四方に走り去って逃げたり、自分たちを補導しようとした若い警察官を、「タイプだけど！」とからかって狼狽《ろうばい》させたり、いつも会うので親しくなった警察官が、煙草を取り上げてゴミ箱に捨て、「俺はこのあとのことは知らない」と立ち去ったあとゴミ箱から煙草を取り戻したり、要するに中学校の校区は、亜矢たちにとって自由に歩きまわることのできるテリトリーだった。

だが次第に、亜矢たちは年上の男性たちと接触する機会が多くなっていく。年齢確認が必要な煙草の購入は、中学生の亜矢たちにとって容易ではなかった。だから亜矢たちは、コンビニの前で年上の男性に声をかけて、自分たちの代わりに煙草を買ってきてもらって、そうした男性たちとそのままお酒を飲むこともあった。

亜矢の初体験は中学一年生のときで、それは、そうした男性のうちのひとりとお酒を一緒に飲んでいたときに、その男性の車のなかでセックスをした、というものだ。たぶん避妊もしてなかったし、何がなんだかよくわからなかった、と亜矢は話した。ようするに、未成年者の飲酒や喫煙を取り締まるはずのシステムによって、亜矢たちは年上の男性との接触機会を頻繁にもつようになっていく。

だが、それが加速したのは、中学二年生のときに起こった事件のあとだ。

あるとき亜矢は、付き合っていた年上の恋人とのツーリングの最中に、警察官に補導されてしまう。

たまたまローソンにとまって、酒買いに行って、亜矢、トイレ行っていたわけ。戻ってきたら、こいつ、巡査に捕まって、「あー、もう、面倒くさい」って思って、亜矢、しらんぱー（＝知らんぷり）して、（コンビニの）なかにいたんだけど、（窓を）コンコンってして、「おまえも来い」っていってるわけ。

――巡査が？

うん。「なに？」って（いって）から、「おまえ、一緒か？」っていってから。「一緒じゃないよ」っていってから。「おまえどっから来たか？」っていってから、「おまえ、酒、飲んでいるだろう」とかいっているわけ。「飲んでないし！」っていってから、「トッポ食べているだけ」っていってから。「いま、トッポ食べるな」っていわれてから。こいつ、彼氏だけど、こいつは、「おまえらが一緒だったの、見たし」って巡査にいわれてから、（彼氏は）「こいつ、しかした（＝ナンパした）女、知らない、名前も知らない」っていってから。（今度は自分が巡査に）「名前はなにか？」っていわれてから、「サヤカ」って（偽名を）いって。で、一応、（パトカーに）「乗れ」みたいな。なんかふぅー（＝呼気検知器）とかして、結局、超飲んでいたからばれるさ？　A署まで連れて行かれて。

亜矢と恋人は、自分たちの地元ではない街のコンビニで警察官に補導される。亜矢は偽名を使い、警察官からの職務質問を免《まぬか》れようとしたが、警察官は、亜矢と恋人が酔っ払っていることを確認すると、ふたりを警察署に連れて行った。

亜矢と恋人は別々の部屋に別れて警察官から状況を聞かれることになったが、そのときトイレに行こうとした亜矢は、たまたま非常口があいていることに気づいてしまう。

「一回、おしっこしたいからトイレ行かして」って（いって）から。トイレ行くつもりだったのに、非常口のほうが見えてから、非常口のところに行ったら、外に出たわけ。（警察署の）うしろに、うしろ側に。うしろのフェンスから、そのまま飛び降りてから。無事に、飛び降りたんだけど、でも、腰から落ちてから、しに（＝とっても）痛くてから。でから、しかも、このうしろの道から、どっからどう帰ればいいかわからん……。

――A署のうしろって、マンションのところだよね、アパートとかいっぱいあるところだよね？

そう、うしろの道、あっちのフェンスから落ちて。あっちに、B街向けに歩けばいいんじゃない、とりあえず（主要）道路に出たら、絶対に捕まるさ。すーじ道（＝細い道）、ずっと、まっすぐまっすぐ行って。

警察署の外に出た亜矢は、自力で地元のB街を目指して歩き出した。だが、三人の男たちが、逃亡中の亜矢を見つけ、車で拉致《らち》した。

――逃亡よ。

逃亡しなければよかったんだけどね、結局はね。

――なんで？

逃亡したから、結局は、変な男が来て、みたいな。ヤラれるがままに、ヤラれてみたいな。これで結局、地元に帰ってきたんだけど。一応、次の日には。で、

――なにそれなにそれ、変な男にしかされた（＝ナンパされた）ば？

うん、だはず。ほんとうに。しかも、そのときは財布もケータイも何ももってないわけ。煙草しかもってないわけ。ここ（＝胸元）に煙草が入っているわけ、ライターも、ここ（＝胸元）に入っているわけ。朝、（男の家で）起きて、「だれよ？」みたいな、意味がわからない。で、とりあえず、地元に帰るっていって、帰って。で、（友だちに）「やー（＝おまえ）、なんでか？」みたいな。「ま、いろいろあって」、みたいな。そのとき、亜矢、泣いていたらしいんだけど（中略）。あのときは、たぶん、もう、死んでたはずだけど、………それから、ちょっとして完璧に治った瞬間、完璧に遊んだ。

――治ったっていうのは精神的に？

精神的にも、病気も、すべて。………しに（＝とっても）痛かったからね。泣きそうになった。超、痛かった……。

――輪姦《まわ》された、ってこと？

ってこと。結局は。

——何人に？

三人に。

——うん。

それで、「おまえは、開き直るのはすごいよね」っていわれてから。

——その男どもは捕まったか？

名前も知らないし、だれなのかもわからんし、顔もはっきり覚えていない。

——事件にもなってないわけ？

うん、なんかもう、そしたら、結局なんか、取り調べもいっぱいあるさ、それとか面倒くさいさ。で、……結局は、そこで終わらすじゃないけど、なんか、もう、T（＝地名）とか、Tのマンション、変なマンションしか覚えていない。

――連れて行かれたところ？

うん、だからもう、なにがなんだかわからないし。………で、これで、このひとの、ケータイの着信音が、ＥＸＩＬＥの歌で、あれなんかの歌。……あれが嫌いなってから。「なんか、覚えているの、なにかある？」って（病院の）先生がいって、「ＥＸＩＬＥの歌が流れてた」っていったんだけど、それしかいってないけど。で、終わったんだけどさ。………そんなかんじ。人生さまざまだね。そんなかんじだよ。

三人の男たちは、次々と亜矢をレイプした。夕方になって、男のひとりは別の男性を呼び出して、亜矢を家まで送るように指示した。亜矢を地元まで連れて行った男性は、「僕の気持ち」「ご飯を食べて」と二〇〇〇円を渡そうとし、たくさんのお菓子と連絡先を亜矢に手渡した。だが亜矢は、その男性に差し出されたお金やお菓子を受け取ることを拒否した。そしてその男性から渡された、携帯電話の番号が書かれた紙にライターで火をはなち、投げ捨てた。

——帰りは送ってもらったの？

なんか変なひと呼んでから、「送って来い、こいつ」みたいな。「だれ、こいつ？」みたいな、どこのひとかわからないんだけど。（呼び出された男は）「何があったのか、わからないんだけど、僕は」みたいな。「おなかすいている？」っていっているわけ。「大丈夫」っていって。「そうか」、って。なんか「僕の気持ちとして、二〇〇〇円持って行っていいよ、ご飯食べて」っていってから、「なんか好きなものでも買ったら？」って、「いーよ、こんなお金いらない！」っていって。……そこで、（携帯の）番号もらったらしいわけ、だけど、その番号、すぐ燃やして捨てた、みたいな。で、手がかりなしみたいな。

その後、亜矢がまっすぐ向かったのは、友だちといつも過ごすたまり場だった。昨夜から亜矢が行方不明になっていることを友だちはみな知っており、心配して集まっていたのだという。亜矢は、泣きながら何が起こったのか友だちに話し、そして拒否したはずなのに、なぜかもたされていた大量のお菓子を友だちにあげたのだという。夕べまで一緒に過ごしていた恋人には、「もう会えない」「別れる」と友だちを介して電話で告げてもらったが、恋人はたまり場にやってきて、その恋人の家に亜矢は行った。それから亜矢は、その恋人とともに大きな総合病院に行った。

亜矢は事件のことを家族に隠した。だが、病院から自宅にカウンセリング案内が届き、亜矢の両親は事件を知る。父親は、被害届を出して犯人を探そうといった。だが母親は被害届を出すことに反対し、「結局は、おまえがA署から逃げるのが悪い」と亜矢を責めた。

亜矢は自分が警察署から逃げたのは、「中学生だからね、結局は、あいつ（＝恋人）も県条例（違反）だし」と、自分の恋人が中学生と一緒にいることをかばうためだったと話す。でも、母親がいうように、自分が逃げなければこの事件は起きなかったと亜矢も思った。だから犯人を探すことも、事件を訴えることも、亜矢はもう考えないことにした。

亜矢と亜矢の家族は事件をなかったことにしようとした。だが病院からの連絡があったのだろう。それはやがて、学校や警察も知ることになる。

亜矢の家族は、学校や警察に呼び出された。

なんかもう、これで巡査に全部ばれたわけ。

――なんでばれたの、巡査に？

わかんない。なんかこの時期に。なんか、学校に親が呼ばれてから、亜矢の親が。「連れ回された（＝拉致された）」っていう話があったみたいでから、「B街の子っていっていたから、だーる（＝そうなの）ね？」みたいな。「ちがうよ」ってお母さんなんかもいったみたいだけど。でも、病院にも行ったから、それもあるんじゃないかな、みたいな……。

学校や警察に呼び出された亜矢の親は、事件のことを隠した。亜矢の家族は、おそらく病院と警察と学校がつながっており、すでに警察と学校は事件を把握していると考えた。それでも亜矢と亜矢の家族は、警察や学校に事件のことを一切話さなかった。

＊

その話が終わったあと、自分のことを「開き直りが早い子だから、引きずらないね」

と亜矢はいった。

そして、事件のあとの自分が元気になったことを説明するために、性体験をもった男性が多くて、「いまだに、何人とヤったか覚えてない。はるかに五〇人超していたってば、自分でびっくりしたってば」といった。

母親は、そのような亜矢の様子を見て、「おまえ、こんなされても男遊びやめないわけ？　おまえの頭は、どんなになっているのか」と怒っていたという。

だがレイプされたあと、頻繁に性交渉を重ねることはよくあることだ。それは、レイプされたことがなんでもないことだからではなく、そのとき味わった恐怖を無化し、奪われたコントロール感覚を取り戻すために、もう一度同じような場面を再現して、今度こそ、その恐怖に打ち勝とうとして行われる。それによって、自分は事件に負けなかったこと、変わらずに存在していることを、何度も何度も被害者は確かめようとする。[1]

母親が咎めた亜矢の行動は、たったひとりで回復を目指さなくてはならなかった亜矢にとって、必要なことだったはずだ。だがほんとうに必要だったのは、安全な場所で恐怖を聞き取られ、自分のもっている力を再現できるまで治癒の過程に伴走するひ

1　ジュディス・L・ハーマン『心的外傷と回復』みすず書房、一九九六年。

とびとだったはずである。

亜矢はその後、恋人とも別れている。亜矢がシンナーを吸うようになったのは、そのあとのことだ。

別れ際に、私たちにばいばいと手をふった亜矢の手首には、自傷行為の傷痕《きずあと》がいくつもあった。その日の待ち合わせ場所に、にこにこと笑ってあらわれた亜矢の姿が浮かんできて、帰り道で何度も事故に遭いそうになった。

高速道路のパーキングエリアに車をとめて、煙草を吸ったことを覚えている。家に帰ってから泣いたことも覚えている。

＊

中絶の手術日が決まってからは、亜矢と何度か連絡をとった。

妊娠の相手である浩司《こうじ》に、手術の同意書のサインをもらえたか私が尋ねると、「妻《トウジ》が出産した病院だからあわふぁ（＝気まずい）って」と亜矢は話し、「ネットで調べたら、ウソの名前でもいいらしい」といって、自分でどうにかするつもりだといった。

そして、「お金はどんな？　浩司、準備できるって？」と尋ねると、「浩司に、『俺、借金大魔王になる』っていわれた。要は、まずは亜矢が出して徐々にお金返すって」

と亜矢はいった。

こんなときまで、亜矢はひとりで対処しようとする。

手術の日は、病院で待ち合わせをしていた。亜矢は遅れずにやってきたけど、顔が真っ赤で、ふらふらしていた。あんなに休めといったのに、ひょっとして昨日も店に出たのかなと思って、「だいじょうぶー？」と尋ねると、「子どもから腸炎がうつったのかな、二日前から吐いている」といった。あわてておでこを触ると熱があって、体温計ではかったら三九度だった。

こんな身体で出歩けるなんて、普段からどれだけ無理をしているのだろうと思ったら、亜矢の前ではずっと我慢していた涙が出てしまった。泣いてしまったのが恥ずかしくて、私は亜矢を叱《しか》った。

——三九度なんて、普通さー、歩けないほどの熱だわけ。

んー。

——無理してこなくていいのに。寝てたらいいのに。

だって上間ちゃんと約束したし。

そのとき、亜矢が友だちや、職場の同僚に好かれているほんとうの理由がわかった気がした。亜矢のことを話題にするひとたちは、亜矢の軽快なトークやきれいな顔立ちに惹かれているのではなくて、なんだかわからないけど律儀なところ、一見めちゃくちゃなのにちゃんとしようとすること、そういうのに惹かれているのだろうと思う。

そのあと亜矢は、看護師からも叱られた。この前、手術の手順を説明した看護師は、亜矢から体温計を受け取ると、「今日は手術できないよ。感染症になるかもしれないんだからね！　手術どころじゃない、お家で眠っていなさい」と叱りながら、亜矢を診察室に連れて行った。

その後、看護師と一緒に診察室から戻ってきた亜矢が、「エイズじゃなかったよー！」と、私に検査結果を告げると、看護師は、「隣の薬局で、薬、出しておくから。手術は一週間後。まず、治しなさい」と、亜矢をまた叱った。

私は薬局まで亜矢を連れて行き、薬剤師に処方箋を渡しながら、「この子、錠剤が飲めないので、薬、お粉かシロップで出してもらえると嬉しいんですが」と頼んだ。薬剤師は笑いながら、「飲めないいの？　あー大変、近隣にも問い合わせて、シロップで、出しますね」といった。それを亜矢は隣で聞いていて、「こうやっていえばいいのか」

とつぶやいていた。

その日は、大人の女性たちが亜矢を囲んでわいわい話をしていた。高熱が出て頬《ほお》の赤い亜矢が、いつもより素直に話を聞いていて、それはほんとうにかわいらしかった。

ああ、そうだ。この子はまだ、一七歳だったとまた思う。

＊

一週間後に亜矢の手術があった。

手術が終わって回復室で一緒にいるときに、亜矢が「トイレ行きたい」といいだした。私が看護師を呼ぼうとしたら、いい、いいといって、ひとりでベッドから降りようとして、亜矢はベッドから転がり落ちた。看護師さん！　看護師さん！　と私が騒ぐと、亜矢は、大丈夫大丈夫といって、立ち上がってひとりで歩こうとした。

やってきた看護師が、まだ麻酔覚めてないよと亜矢を支え、私が点滴をもって、トイレまで三人でよろよろと歩いた。

トイレの外で待っているとき、看護師が亜矢に、ガーゼが入っているからね、とり方はあとで説明するといった。たぶん亜矢の膣内には、止血のためのガーゼが入っているということなのだろう。

それから亜矢の一日を考える。

このあと亜矢は、何もなかったかのように、家に帰っていくのだろう。今朝は早かったから、亜矢はもう一度眠るのだろう。夜になって、亜矢はだれにも知られないように、身体からガーゼを取り出すのだろう。トイレのなかで、たったひとりで、うつむいて。

＊

それからも亜矢に何かあるたびに、亜矢と一緒に病院に通ったときのことを思い出した。ずっとがんばって暮らしていること、ほんとうはまだ子どもであること、だからもっとゆっくり大人になっていいはずだと、私は亜矢にいってあげたかった。夜の街の吹きさらしの風のなかで、こんなに早く大人にならなくていいと、私はいまでもそう思っている。

ときどき亜矢は、あのときのことをぽつりと話す。でもその話は、あのときのことが亜矢の人生をどう意味づけたかという話ではない。身体の不調や何かの記憶との重なりがあって、亜矢はふいに話し出す。

痛くてトイレにも行けなかったと亜矢はいう。男のひとりがぶつぶつだらけの顔のおっさんだったから、顔の汚いひとが超嫌いだという。カラオケでＥＸＩＬＥの歌が流れると、キレて帰ってしまうという。レイプ犯はみんな殺せと亜矢はいう。そして亜矢は、あのときは、たぶん、もう、死んでいたはずだけど、いまはもう、傷ついていないという。

亜矢は、事件のことを、職場でできた仲のよい友だちにも、付き合っている恋人にも話したことがない。

それはまだ、亜矢の人生に統合されない記憶だ。それはただ、断片のまま、そこにある。

292

あたらしい柔軟剤　あたらしい家族

ことのほか好きなインタビューの記録がある。

沖縄でもようやく涼しい風が吹くようになった秋口に、キャバクラに出勤する前の京香《きょうか》と会って、ご飯を食べながらトランスクリプトと呼ばれるインタビューの書き起こしのデータの確認と、補足のインタビューをした日の記録だ。

京香のその日の出勤時刻は午後一一時だったので、京香と打越さんの三人でインタビューをしながらご飯を食べて、ドライブがてら京香を家まで送っていった。

車のなかで京香は、今夜着ていくドレスをまだ洗っていなかったといいだして、「あれを、一回脱水して、干して……乾くだろうな。乾かなかったら、扇風機の前に置いとく！」といった。

途中で米兵の起こした衝突事故があって、道路は大渋滞だった。小さな車で長時間過ごしていたからか、車内で京香は腰が痛いと話していた。深夜に出勤すると、たいていは明け方の五時前後まで働くことになる。深夜から明け方までの勤務の前の身体の不調に、今夜の仕事は大丈夫かなと私たちは心配していた。

ようやく家に着いて車から降りようとしたときに、京香は腰を伸ばして、「よいしょ、腰、痛い！」といった。そしたらさっきまで心配していたはずの打越さんが笑いながら、「だいじょうーぶ？」と京香をからかった。そうしたら京香が間髪いれずに「なめんなよ！　若者を！」と怒鳴り、そしたらもっとでかい声で「うるせーよ！」と打越さんが怒鳴って、開いたドアから虫の声が鳴り響き、それに伸びやかな笑い声が重なり広がって、ドアが閉まる音で記録が終わる。

その日の記録が好きだ。これからドレスを洗い、生乾きのドレスを着てキャバクラに出勤するという一八歳になったばかりの京香の勢いが、夜の暗さに負けない声にあらわれているように思える。

空が高くて星がたくさんあった。夜の闇に笑い声が吸い込まれていくような夜だった。

＊

私と京香は、京香が一七歳のとき調査をきっかけにして知り合った。

京香はキャバ嬢で、自分の実家で父親と兄と弟と自分の子どもの紫音《しおん》と五人で暮らしていた。京香の実家は、郊外の広い敷地に立つ大きな一軒家で、一見すると京香の家はお金に困っている様子には見えなかった。だが京香の父親は、毎日お酒を飲んでは車の運転を繰り返し、ついに飲酒運転で逮捕されて仕事を解雇されてしまっていた。父親が逮捕されたあと京香の母親は怒り、離婚して家を出ていた。

京香は中学校を卒業してすぐに、子どもをひとり産んでいた。そして出産後、実家近くの居酒屋で働きはじめた。

それから八カ月して、京香は仕事をやめた。そもそも未成年者が一〇時以降の深夜勤務をすることは違法であることに加えて、一〇時以降は広いホールをひとりで見ないといけなくなり、「忙しすぎて割に合わない」と思ったからだと京香は話した。

京香が次にはじめた仕事は、朝にオープンし、昼過ぎには閉めてしまうキャバクラ、「朝キャバ」だった。京香はその店で、キャバ嬢として働きはじめた。

朝キャバには、仕事が終わってから飲み直す同業者や、店を何軒もハシゴしてやってくる泥酔した客も多い。それに加えてその店は、ヤクザの出入りもある店だった。

京香は、初めて働くようになったキャバクラで、キャバ嬢の身体を触ろうとする客に対して、大声を出して大騒ぎをすることで反撃していた。


いつもいうわけ。「さわんな!」「面倒くさい、やー(=おまえ)」っていってから、「タッチ無理! 無理! 無理!」っていってから、「料金出るよ!」っていってから、「じゃあ、いくらか?」って客がいって、「三万とか! 払え! じゃあ」って。ほんで、「なんか? やー、面倒くさい!」とか大きい声で叫ぶわけ。そしたらメンバーも気づくさ。

(二〇一二年九月一三日)

京香は、暴力的な客をあしらうことがことのほかうまかった。たとえば刺青《いれずみ》を見せて威張る客に対して、「コイが色塗られてないから、マッキーのペンで塗るか？」とからかってみたり、指を詰めた客の席につき、客の目の前でわざと自分の指をならして「あー指がこる！」といったりしながら、あえて無礼に振る舞うことで場を沸《わ》かせ、客をあしらっていた。

京香と出会ったころは朝キャバから深夜のキャバクラに移った直後で、京香は、気が向くと店に来た客と「遊び」に行ったりしながら過ごしていた。

「遊ぶ」とは、客と一回かぎりのセックスをすることを意味している。京香は、客と自分は「気軽な」「お互いに都合のいい関係」だと話し、自分はだれとも持続的な恋愛関係をもつつもりはないと話していた。

――いま付き合っているひといないの？

ないよ。

――つくりたくない？

いらない。

――なんで？

面倒くさい（笑）。面倒くさい……。

――キャバ（の客）で「遊ぶ」くらいがちょうどいいってかんじ？

都合のいい関係でいたい。どちらも都合のいいときならいいかな、みたいな。

（二〇一二年九月一三日）

京香の言葉は、私には少し珍しいことのように思えた。というのも、キャバ嬢のなかには、客のなかから結婚相手を探しているシングルマザーたちがいたからだ。

そもそも彼女たちは、子どもをひとりで育てるために、金払いがよいとされる風俗業界で働く。だが、キャバクラの時給はせいぜい二〇〇〇円前後で、そこから送迎代とメイクやヘアメイクのためのスタジオ代を差し引くと、日給は一万円前後にしかならない。さらに、深夜から明け方までお酒を飲み続ける仕事は体力的にもきつく、長期的に働き続けることは難しい。だから子どもがいるキャバ嬢たちの多くは、子どもを育てるためにこの仕事についたものの、結局その仕事をやめるために、身近なところから次の相手を探すことになる。

結婚相手を探しているキャバ嬢は、携帯電話の待受画面を子どもの写真にしていたり、客にも公開しているSNSなどに、子どもと一緒に出かけたときの様子や子どもにつくってあげたキャラ弁などもアップし、子どもと一緒にいる自分をまわりにアピールしている。そうやって、客のなかからプライベートで付き合う男性を探そうとする。

京香はそうした職場で働きながら、「男はもう面倒くさくて、裏切るから」「母子家庭で生きていくって決めていた」「それか、結婚せずに、ただ単に一緒にいるだけじゃん。京香、『非婚同盟』があるさ？　テレビであれ見てから、洗脳されたんだはずよ」と話していた。

京香の話していた『非婚同盟』は、テレビで放送されていた昼ドラで、主人公の女性たちは「非婚」を選択し、女性同士で助け合って生活するという内容だった。男は裏切るから結婚はしないと話す、まだ一七歳の京香の言葉は、たくましくも見えたし、少し背伸びをしているようにも見えた。だけど京香のそういう言い方には、確かにそう思っているようなすごみもあって、どうしてこんなに若いのに、「男は裏切る」と思うようになったのだろう、と私は考えていた。

*

京香は一五歳のときに、子どもをひとりで産んでいた。妊娠したのは中学三年生のときだった。少し前まで付き合っていた恋人の子どもだったが、その恋人と別れたこともあって、京香が妊娠に気がついたのは、妊娠五ヵ月目になってからだった。

すぐに京香は、自分の母親に妊娠していることを話した。それから京香は自分の母親と一緒に元恋人の家に話をしに行ったが、その話を聞いた元恋人の母親はひどく動揺していたという。

こいつ(=元恋人)の親が、(京香の年齢を)わからなかったから、中三って、そのときにばれたから、このおかあさん、「もう、何がなんだかわからない」って、もうパニクってる(=パニックになっている)わけさ、もう。「もう別れたし、中三だし、全然学校行ってないけど」ってなって。「は?」みたいなかんじになってから(中略)。おかあさん、なんか……唖然《あぜん》としてた、あのおかあさん。

——それいって、どんなしたば？

（向こうの母親が）「状況がわからないから、後日にする」ってなって。

後日、元恋人の母親は、京香が妊娠している子どもが自分の子どもかどうかわからないと息子が話しているといい、認知することも、養育費の支払いも断わり、そのうえで京香の母親に、「お互い、自分の子どもを信じましょう」と話した。つまりそれは、生まれてくる子どもや京香に対して、自分たちは何もしないということを告げたことに等しい。

京香の父親は怒り、遺伝子検査をして養育義務をはっきりさせようと提案したが、揉《も》め事を嫌う京香の母親はその提案に反対した。

それから京香と母親は病院に行って、中絶手術の相談をした。

——堕《お》ろすって話もした？

なんか、「どっちにしたいの？」っていわれてから、「迷っている」っていってから、「堕ろすんだったら、周期がこれくらいだから、堕ろすのにお金もかかるし、リスクが高くてなんとかかんとか」っていっているから、（京香は）「どうすればいいば？」って。「知らんよ！」って。

――それ、医者との会話ね？

うん。

――「知らんよ！」っていったんだ？

もうわからんさ？　もう意味わからん。なにいっているかわからんし。なんか「こっちでは、（中期中絶は）扱ってないわけさ」みたいな。「だから他の病院探さないといけないけど。たぶん、でも、若いからね」っていって。「若いから、なんかいろんなところ、難しいはずよ」みたいな。こんなこといわれてもさ、「知らんし」って思ってから。もう、とりあえず、お母に「産めっていっているば？」って聞いてから。「あんたが、それは決めるんじゃない？」っていってから。「知らんよ！」っていってから。とりあえず、このままみんなの前から姿を消して。

遊びに行って、……「どうするか」みたいな。

（二〇一二年九月一三日）

病院の医師は、中期中絶なので、この病院では手術ができないこと、年齢が若すぎるので、ほかの病院でも手術をしてくれるかどうかわからないことを京香に告げる。そうした病院とのやりとりのなかで、どうしていいのかわからなくなった京香は、みんなの前から姿を消してしまう。

このとき京香はまだ中学生だった。この時期の京香には、妊娠と、子どもの父親であるはずの元恋人の拒絶と、中絶手術を受けることは難しいという事実が突きつけられていた。京香はそのどれも受け入れることができず、みんなの前から姿を消した。そのことで、京香はますます中絶手術を受けることが難しくなってしまった。

半年後、京香はひとりで子どもを産んだ。

子どもを出産したあとすぐに、京香は子どもの父親である男性に、無事に赤ちゃんが産まれたと書いたメールを送っている。だが、その男性からは、なんの返事もなかった。

この前まで付き合っていた恋人に、自分の母親を通じて「俺の子どもではない」と告げられるのはつらいことだろうと私は思う。そして、子どもが産まれたという報告をしたのに、それを無視されて、たったひとりで子どもを引き受けることもつらいことだろうと私は思う。大人たちとの話し合いで、京香が何度も「知らんよ」と繰り返しているのは、この状況を自分は引き受けることができないという意味だったのだろう。だが、まわりの大人はこの状況を引き受けるようにひたすら京香に迫り、ついに京香は姿を消した。そして京香は、ひとりで子どもを産み、「母」になることになった。

抜けるように色が白く、黒目がちの大きな瞳をした京香と紫音は、よく、きょうだいと間違えられる。京香のお母さんは、紫音が「あいつに似ていなくてよかったな」と京香に話す。京香もまた、「あいつに似たらにりぃだけど(=うんざりするんだけど)。やな(=最低の)ちんかす男」とその男のことを罵《ののし》ったりもする。

京香はそんなふうに元恋人のことを罵っていたが、実際のところは京香のほうが、その男性のことを避けているようだった。

子どもを産んで、一年後くらいに、地元で見てから。京香、逃げてしまったんだけど。………なんでか知らんけど、顔見たくなかったから。

——それ(=その男性)、何歳くらい年上?

いま、二三歳か、二四歳。

（二〇一二年九月一三日）

ずっと会っていない元恋人のいまの年齢を即答した京香に、ねぇ、そんなふうに扱われたのはやっぱりつらかったんじゃないのと尋ねたら、京香はたぶん、つらくないつらくないといって怒るのだろう。

責任を押しつけられて、たったひとりで「母」となった京香の気持ちは、そのときだれかに聞き取られたのだろうか。――私は京香に尋ねる代わりに、京香の言葉を反《はん》芻《すう》する。

＊

京香と出会ってしばらくたったころ、京香が妊娠していることがわかった。そのころよく会うようになった客がいて、京香はその客とときどきデートをして何度かセックスしたのだが、その男性は避妊をせず、京香は妊娠してしまった。

京香は迷うことなく中絶を決めた。紫音をひとりで育てないといけないこと、実家には現金を得ているひとがいないこと、どう考えても産む状況ではなかった。

手術をするならば、一刻も早いほうがいいと京香は考えたが、目下の悩みはお金がないことだった。病院に行くためのお金と、手術のお金と、紫音の保育園の費用や生活費を考えると、いつものように働き続けながらお金を貯めるしか方法はなかった。

京香は、自分が妊娠していること、中絶手術のためにお金を貯めなくてはならないことを店のボーイやキャストに話した。ボーイは、酒癖の悪い客を京香の席につけないように工夫してくれて、京香がお酒を飲まないで働けるように手配してくれた。

京香はお金を貯めて、一カ月後に手術を受けた。

体温があがってしまうので、手術後一週間はお酒を飲まないほうがよいといわれていたが、妊娠中に何かと親切にしてくれた仲のよいボーイから、今夜は出勤してほしいと頼まれて、お酒を飲まないという条件で京香は術後三日目に店に出た。

だがその日、キャバ嬢たちに強い酒を飲ませて酔いつぶすことが好きな客が店に来ていて、店の女性たちは次々と酔いつぶされた。

女性たちが客に酔いつぶされていくなかでボーイは、お酒の強い京香に、「血、とまっているば？」と術後の出血の有無を尋ねた。京香が「とまっている」というと、「血、とまっているなら、お酒飲んでも大丈夫じゃん」とボーイはいい、京香はその席につくことになった。

客のすすめる強い酒を飲むと、京香はすぐに出血した。

だが京香はその席を退席しなかった。自分にその席につくようにいったボーイに、「ナプキン買ってこい！　走ってから買ってこい！」というと、ボーイが買ってきたナプキンで処置を済ませてもう一度その席に戻り、今度はその客を酔いつぶした。
京香と電話で話すと、不正出血は続いているけれど、まあまあ元気にしている、仕事もがんばっているといい、この状況を強気に乗り切ろうとしているように見えた。
しかし手術後一カ月たったインタビューで、手術のあった先月から今月にかけて、実はよく泣いていたと京香は話している。

先月と今月合わせて、たぶん今月合わせて、今月は二回ぐらい泣いてるばーよ。先月、でーじ（＝とても）泣いてたよ。でもあれだよ。京香、泣いてるときに優しくされるの、しに（＝とっても）イライラするわけよ。あの、さするひととか。抱きしめてくるのとか、しに嫌だわけよ。

——どんな、されてたいの？

ほっとかされてたい。

——おう。じゃあなんか、なんか「かまって系」で涙が出るわけじゃないんだ？

「大丈夫？」とかいわれたら、もっと泣けてくるから嫌だわけよ。「あっち行け」ってかんじ。

——へぇぇー。

「もう、ちょっとほっといて」みたいな。

——隅《すみ》っこで泣いてるの？

うーん。もし、飲んでいるとするさ。こんなやって、席で。………泣きながら、「えー、デンモク（＝カラオケの選曲の機器）貸して」みたいな。で、歌、歌って、勝手に涙、とまって。（これが）パターン化してるみたいな。

（二〇一二年一一月一二日）

私は、なんでそんなふうに泣いてしまうのか京香に尋ねてみたけれど、京香はそれには答えなかった。その代わり、そうやって泣いてしまうことが自分にはあること、だから最近、友だちのミナミが心配して電話をかけてくると話していた。

最近、(ミナミから)「おまえ、大丈夫か?」ってしょっちゅう(=何度も)電話来るってば。「鬱とかよ、大丈夫か?」って。「大丈夫に決まってるやし」とか、「わー(=私は)不死身だけど!」とかいってからよ。

——不死身。ははは。まぁな。

だけど、あれだはず、ミナミがいうにはよ。京香から、酒、飲んで電話くるって、泣いて電話くるって、意味もなく。それがあるからだはず。「やー(=おまえは)、何がしたいば?」ってよ、「(自分のことを)わかってないよ」って。ちゃーいいする(=ずっと同じことを繰り返していう)ぜ。

(二〇一二年一一月一二日)

京香はふだんから、自分の感じていることをひとに話さない。

京香は、中絶手術をしたあとも、妊娠させた相手の男性と会っていた。その男性の前で京香が泣くと、「俺は、未成年の女の子の心を傷つけてしまったんだな」といったりするのがうざくなってからは、会わなくなってしまった。

京香はそれを、「別れた」とはやっぱりいわなかった。

＊

中絶手術のあと、京香は店を変えて、新しくオープンしたばかりのキャバクラでオープニングスタッフとして働きはじめた。京香は、その店はヤクザの出入りがなく客層が安定していて、キャバ嬢たちの裁量に任せてもらえることが多いと話していた。また、働いている女性たちの年齢層が幅広く、「一番上は三一歳」で、二〇歳（ほんとうは一八歳）の京香が一番若いことから、京香は「かわいがられている」し、働きやすいとのことだった。

確かに京香はその店に馴染んでいるように見えた。

ミナミが妊娠中に夫の浮気で悩んでいるときに、京香は店の店長と交渉して、お酒を飲まないで働くという条件で、「体験入店」のキャストとしてミナミを出勤させた。ミナミは一晩中、京香と一緒に接客をしながら過ごし、現金をもらって、少しだけ元気になって帰っていった。

またその年の年末、店が汚いことがキャスト同士で話題になり、休業日の夕方、全員で、店をきれいにしようと話していたが、夕方になってあらわれたのは京香と新人のキャバ嬢だけで、待てども待てども、だれもやってこなかった。

頭にきたふたりは、「ふたりだけでも絶対きれいにしてやる」となぜか決意し、店の椅子をすべて外に出し、それからトイレ、台所、フロアと順番にふたりで掃除した。

店のすべての掃除が終わった午後九時ごろ、ふたりは店で一番高いお酒を勝手にあけて飲みはじめた。ときどき、店が開いているか訪ねてくる客がいたが、「今日は閉まっている！」と客にいって、朝の一〇時まで飲み明かした。

京香はその店に一年以上在籍し、最終的には店一番の古株となった。

そして京香が一九歳を過ぎたころ、京香に公認の恋人ができた。

＊

京香が一九歳になったころ、店によく来るようになった客のひとりに、腕のいい彫《ほり》師《し》のルイがいた。

外国で生まれて日本にやってきたルイは、もともと東京で暮らしていたが、中学時代の仲間と悪いことをしまくって鑑別所や少年院に入っていた。

少年院を出てすぐに、ルイは鳶《とび》になった。運動神経が抜群によく、高いところでも平気で動けるルイは、現場でも重宝されていた。

だが、ルイの運転するバイクがトラックに激突して、うしろに乗せていた先輩が死亡してしまう大きな事故があった。ルイは一週間近く意識不明になり、意識を取り戻してからは、身体の痛みとの闘いがはじまった。ルイの身体の状態がよくないので、家族や病院はルイのうしろに乗っていた先輩が死亡したことを話さなかった。

だが補償金の相談のために病院にやってきたトラックの運転手が、先輩が死んだことをルイに話してしまった。先輩の妹が病院にやってきて、落ち込んでいるルイに、事故はルイのせいではないこと、だれもルイのことを恨んでいないことを伝えた。そして職場の社長もやってきて、早く身体を治して、現場に復帰するのを待っているといってくれた。ルイはリハビリを開始し、歩けるようになった。

だが八カ月後、病院を退院して現場に戻ったルイは、自分が二度と現場に立てなくなったことを知る。ルイの片足の筋肉はすべて焼けただれていて、高い足場ではうまくバランスがとれなくなっていた。ルイは鳶の仕事をやめた。

ルイは自宅に引きこもる。何もすることのなくなったルイは、それから毎日自分の身体に刺青を彫りはじめた。身体が思うように動かなくなり、慢性的な痛みが残るルイは、自分の左腕と、筋肉が残ったほうの左足にただひたすら刺青を彫り続けた。

ルイのお見舞いにやってきた友だちは、ルイの彫った刺青を見て、自分の身体にも刺青をいれてほしいと頼むようになった。図柄を描くことも、長時間彫り続けることも苦痛ではなかった。ルイは何人もの身体を彫りながら刺青の腕を磨き、これを仕事にしようと決め、単身で東京を離れることを考えはじめる。東京にいれば、これまでの友人たちとの関係が切れず、これからも何らかのトラブルに巻き込まれることは目に見えていた。できるだけ遠くに移動して、だれも知らない場所でもう一度最初からはじめよう。ルイは暖かい沖縄を選んで、すぐに移住した。昼はビデオショップで働いて、夜は口コミでやってきた客の身体を彫りながらお金を貯めた。沖縄に移住して一年近くたって、ルイは刺青のスタジオをオープンさせた。

ルイの刺青はきれいだ。画像の構図にブレがない。色の配合の具合なのか、藍《あい》色がとりわけあざやかで、肌にいれるといっそう目を惹く。

沖縄の刺青のスタジオは、彫師の腕が悪くても、たいてい客に困らない。沖縄の刺青のスタジオには、どんな図柄でもいいから早く完成させてほしいという若い海兵隊員がやってくる。部隊内部では、暴力やいじめがある。だから年齢の若い兵隊は、自分を少しでも強そうに見せるために、とにかく短期間で刺青をいれようとする。基地近くのスタジオの彫師が、インターネットや画集の刺青の画像を転写して、スピード勝負で図柄をいれているなかにあって、すべてフリーで図柄を描き、作品としてつくりあげるルイのような彫師は沖縄では稀《まれ》な存在だった。

客として店に来るようになったルイの刺青を見て、京香もいれたくなった。というのも、京香の腕には、自分で彫った友だちの名前の「遊び彫り」の痕があって、それを隠すような刺青をいれたいと思っていたからだ。

京香の刺青が完成するまで、二カ月かかった。

京香はフェイスブックで、刺青が入っていく過程を公開していた。私は京香の身体に刺青が入っていく過程を見ながら、「ぎゃーーー」「お願いします。背中だけに彫ってください」「せめて五分《ごぶ》にしろ」「だめなら七分丈《たけ》」「ともかく十分はやめろ」とうるさくいったが、京香は「ごめんごめん」「でも、トラちゃんが寂しがっている」「牡丹《ぼたん》はかっこいいね」と、すでに彫り終わった図柄のトラが寂しがっているだの、新しい図柄の美しさをことさら強調しながら、結局、背中から肩、そして腕全体をくまなく彫りあげた。

京香の身体の刺青が完成してしばらくたったころ、京香のフェイスブックには、ルイが送った京香へのラブレターが一般公開された。

おれっちの彼女になってください。なってくれなかったら泣きます。

泣くルイを見てみたいと私は思ったが、京香はそうではなかったらしい。ふたりは台風の日に付き合いはじめて、それからふたりで暮らしはじめた。京香はその日をさかいに店をやめた。

＊

それから半年近くたって、京香は妊娠した。

ずっと子どもは紫音だけでいいと話していたが、ルイと付き合うことをまわりに認めてもらうために、「つくっちゃえば、だれも文句ないでしょう」と考えたのだという。京香とルイは、紫音を連れてあちこちに出かけていた。普段は京香の実家にいる紫音も週末はルイの家にとまるようになり、三人は一緒に過ごすようになった。

京香のおなかの子どもは順調に大きくなっていた。女の子が生まれることを知ったルイは、自分のスタジオにもベビーベッドを設置して、お金が必要になるからといって、深夜まで休みなく働いていた。

京香が臨月になったころ、アパートに遊びに行った。友人たちからもらった赤ちゃんの服やベビーバスがすべてそろっていて、京香はそれをもう一度洗ってきれいにして、キッチンもトイレも磨き上げていた。

ルイに買ってきたビールをいれようと思って、勝手に冷蔵庫をあけると、冷蔵庫のなかには、きっちり整理されたタッパーの容器がならんでいた。「ねー、これ、京香が?」と、冷蔵庫から小口切りのネギの入ったタッパーを取り出して京香に尋ねると、京香は「使うときにいちいち切るの、めんどくさくない?」といって笑っていた。

冷蔵庫のなかを見ると、日々の暮らしの安定がわかるような気がする。京香がようやく安心していられる場所を見つけて、その場所を丁寧につくろうとしていることを、私はほんとうによかったなと思った。

今度の出産はひとりじゃない。一五歳のときにひとりで子どもを産んで、ずっと「男は裏切るからね」といっていた京香が、ルイと一緒にようやく安心できる居場所をつくりあげたのだと私は思った。

その日は、一日中嬉しかった。眠る前に、きれいに食べ物が整理されていた冷蔵庫のことを思い出して、ああ、今日はいいものを見たなぁと思っていた。それは味わうには十分な幸せだった。

*

出産予定日まで二週間になった日の夜、京香からバルーンをいれて陣痛を起こし、少し早めに出産をすることになったというメールが届いた。

いちょお報告っ（笑）。まだみんなにいってないのね、だから内緒ね♪　○月○日バールンする事になった！
たぶんこの日か、次の日には産まれると思う。
ぢゃ。おやすみ。

――だいぶ身体がきつそうだから、少し早くなるってことかなー。ルイ、つきそい大丈夫？　ルイ、あたふたしそうにみえるよ（笑）。準備したほうがいいもの、全部ＯＫかー。

浮腫《ふしゅ》と尿蛋白《にょうたんぱく》と血圧がひっかかりーの、そのままだと妊娠中毒症とかなるからその前に出そうってさ（笑）。
ルイは余裕かまして朝一番私を送って昼仕事してまた来るって！　今はそういってるけど実際どうなることやら☆
ぜーんぶ準備はしてるよ（笑）（笑）。

――妊娠中毒症！　大変だね。ほんとうに身体きついね。でも、出産早いほうが、身体の治りも早いはずだから、そうしたらいいさー。

――ルイ！　余裕だなーー。

まっ、いきなり陣痛より病院にいて陣痛来たほうが楽だね♪

ルイ、余裕かましてるよ（笑）。

とりあえず、その日にポンっと産むから（笑）。よろしく！

――待ってる！　気合もおくっとく‼

京香の出産予定日は一日そわそわしていた。紫音のときはあっという間に産まれたと話していたから、無事出産して、病室でくつろいでいる時間かなと思い、夜の一〇時ごろ、京香にメールを送った。

――元気かな。

元気だよー八時くらいから弱い陣痛来てるけどまだ生まれそうにない（笑）。

――あぁ……きついね。

まだ四センチしか開いてない（笑）。
もお、精神崩壊しててさっきまで。やっと落ち着いて陣痛が来たってかんじ！

――四センチ！　徐々にってかんじだー。

――精神崩壊って（笑）。どんなよーーー。

ルイが帰ってきてなかったの、今日（笑）。そして連絡とれなくて、探してもらったら見つかったけど、警察署にいるって（笑）。

――はぁ？　どういうこと？　警察署って。

昨日、連行されたらしい（笑）。

——連行！

——なんでよ。

刺青の件なのかな？　未成年に彫ったとかなんとかはっきりわからなくて。

D署に連絡したけど電話では伝えきれないとか何とか。

——わー京香、心配だったね。出産前にほんま大変。

——私、警察に行ってこようか。

——まだ、警察？　つうか、京香は眠れたの、昨日？

きのー寝てて！　四時に起きて（みたときにも）、ルイ居なくておかげさまで今日、九時に病院だったのに遅刻した（笑）。

D署に居るらしいんだけど面会できないと思う。もー最悪だよね（笑）。んで、本人が捕まってるの、京香にいわないでよっていってたみたい。心配させたくないからって。

逆にパニクったわ！

ちなみに本人は元気らしいよ。

いちょ居場所がわかったから安心しきって大泣き（笑）。そしたらスッキリして陣痛の痛みがわかってきた（笑）。

血圧一六〇いったよ。最初イライラしすぎで。

――よかったね、居場所わかって。

だからー安心した（笑）。いちょーお母さんとかにもいってない♪　ルイがここに居ると思ってる（笑）。

――あのさ、私、病院、つきそってもいいかな。京香にはいい友だちもいっぱいいるのわかっているんだけど、出産時、ひとりでだと、ちょっと大変じゃない？

――血圧も心配だし、なんか買っていったりとか、動けるひとがいたほうがいいさーね。

――夜中とか、どんな？　朝まで、適当にそばにおるよ。

陽子ちゃん、◯◯（娘の名前）ちゃんいるのに？

――〇〇は、大丈夫。爆睡しているから、たのめるよ。

――よのなかにいるおばちゃんはたよれー。

ひとりで出産より、立ち会い居たほうがいいかなー？

――たぶん、痛いから、文句いったり、さすったりできる、だれかそばにいたほうがいいよ。直前でいらなかったら、そのときはそのときさ。いいよー向かうよ、そっちに。

まぢでありがたやー！　立ち会い、陽子ちゃんにするわ（笑）。も、これはルイが戻ってきたらせめてもいいよね（笑）？


絶対にひとりで出産させるわけにはいかないと私は思った。

ジャージのまま家を飛び出して、高速を使って信号無視をいくつもしたら、三〇分もかからず病院についた。

「最短記録、ピース」といって、恩を売ってやろうと病室をノックしたら、そおっとドアをあけた京香は、泣きはらした顔をして突っ立っていた。なんだよ、（笑）（笑）

（笑）だらけの強気のメールを送っていたのに、こいつ、やっぱりずっと泣いていたんじゃんと、私が思わず泣きそうになったら、「はや！」といわれ、あ、いつもの京香だねと、部屋に入る。

京香を座らせてから、もう一度一日の出来事を聞く。

夕べはルイが帰らず、明け方四時までずっと待っていたこと。ようやく眠りについて、朝九時に目が覚めたときにもルイがいなかったので、自分と生まれてくる赤ちゃんが嫌になって、東京に逃げてしまったのかもしれないと思ったこと。ひとりでタクシーに乗って、病院に移動したこと。ひとりで、出産するしかないと思ってバルーンをいれる処置をしてもらったこと。その後、友人の情報で、ルイが連行されたことを知ったこと。別の友人がD署までルイを探しに行ったこと。ルイが、申し訳なさすぎて京香には話せないといっていると警察から聞いたこと。

これらが、昨夜から今夜までに起こっていたことだった。

やれやれだね、といったら、帰ってきたら殺してやると京香がいった。ま、それもいいんじゃない、といって、陣痛がなくなったし、たぶん今日の出産はもうないから、眠れるツボを押しといてあげるといって、とりあえず、足のマッサージをしてあげた。

マッサージしながら、足、めっちゃむくんでいる！　と京香にいったら、象さんみたいでしょーといったので、象だよ、子象、といったら、足が見えなくてさー、おなかが大きいからしゃがめなくて、最近はルイが脱毛してくれていたと京香は話した。京香はしばらくして、やばい、優しく触られているとほんとうに眠くなってきたといって、あくびをしてから少し泣いた。陣痛はすっかりおさまってしまったので、明日の午前中にまた来るねといって、京香をベッドで寝かしつけてから、明け方、私は家に帰った。

翌日の朝、会議があったので仕事に行った。会議のあいだじゅう、LINEで状態を知らせてもらって、「七センチひらいた！」という連絡があった一〇時過ぎに、「すぐ、むかう」とだけ送って、私は会議を抜けて病院に行った。

病院に着いたら、京香は分娩待機室でひとり痛みに耐えていて、やっぱり「はや！」と私にいった。

＊

分娩をリードしてくれた看護師は巧みだった。全身に総刺青の入った京香にまったくひるむことなく、次の大きな波が来るまで体力を温存させるためにいきまないこと、呼吸を常に整えていることを話した。そして「京子さん！　これまでとっても順調ですよ」と、にこやかに京香に笑いかけた。私が、「どうする、京香、名前、間違えているよ」と京香にいったら、京香はいつものように、「ま、いいんじゃん」といった。「えー、京子でいいの?」といったら、「いいよ、べつに」と京香は適当なかんじでいった。

開口が八センチになったころ、京香は、「まじでイタイ」「もう、いきんでいい?」といって看護師に聞いた。そしたら、看護師は毅然《きぜん》と「京子さん! まだまだです!」といって、「テニスボールでここを押すと痛みが減ります、お母さん! お母さんじゃないんですよね!」「あ、別にお母さんでもいいです」「じゃ、お母さん、ここを押してあげてください!」といって、京香の腰をテニスボールで押すように私に指示した。

京香とふたりでふーふーはーはーやっていると、看護師は何度も確認にやってきて、「まだいきんだらだめです、呼吸、ふーふーはーはー、京子さん!」と京香の腰をさすりながら、一緒に呼吸を整えてくれた。

機械が陣痛の痛みのピークしか示さなくなったころ、京香が私に向かって「もう無理! ぜったい無理!」だの、「こんなに痛かったら、ぜったい虐待する!」と唸《うな》るようになって、私もこんな強さでは腰がくだけるんじゃないかという勢いで京香の腰を押していると、付き添っていた看護師は、「京子さん、呼吸、呼吸、ふーふーはーはーですよ、とめないで、がんばって、京子さん!!!」と大きな声でいった。

そしたら、うんうん唸っていた京香が、突然、「京子じゃないし!!!」ともっと大きな声で叫んだ。私が思わず手をとめて、「いま、いうんかーい」とつっこんだら、看護師は「へ?」という顔をして、「ごめんなさい。ほんとうの名前はなんですか」と京香に尋ねた。すると京香は、「京香だし! いい加減、イライラしてきた!!!」と大声で怒鳴った。それはあまりにも素《す》っ頓狂《とんきょう》な抗議だったので、私と看護師は大笑いしてしまった。

やれやれこのすきに休もうと私が手をとめていたら、京香がまた唸りだし、看護師が私に、「叩いて! 叩いて!」といったので、私もまた仕方なく腰がくだけんばかりの強さで京香の腰を叩いた。

それから京香はますますわがままになって、「もう無理! もうここで産むからね!」と看護師を脅した。そしたら触診をしていた看護師が「一〇センチですかね」といって、ようやく「移動しましょう」といった。それから看護師は、「京香さん、歩いてください」と、隣の部屋の分娩台まで京香を歩かせようとした。京香が「歩けんし!」というのを看護師は無視して、「歩いてください! 京香さん、歩いてください! もうすぐかわいい赤ちゃんに会えますよー」といったら、京香は、「かわいくないし! ぜったい虐待する!」といった。それでも看護師が、「はいはい、そうですかー、はーい、歩いてくださーい」というと京香が歩き出したので、私がほれぼれして、「プロですね!」といったら、「プロです!」と看護師もいった。

移動してからはほんとうに早かった。分娩台にあがった京香は、二〇分くらいで赤ちゃんをぽろりと産んだ。ルイに出産シーンを見せようと、途中からふーふーはーはーをやめて写真撮影をしていた私は、わんわん泣いていたが、京香は「ルイ！　殺す‼」と叫んでいた。

＊

京香は、今度もひとりで子どもを産み、ルイの勾留期間、ひとりで子育てを乗り切った。さぞかし気落ちしているだろうと思って、京香の顔を何度か見に行った。でも京香は元気いっぱいで、するりと痩《や》せて、生まれたばかりの赤ちゃんは、いつも柔軟剤のいい香りの服を着ていた。会うたびに赤ちゃんの香りは変わっていて、どうやら京香はお天気に合わせて、柔軟剤をいくつか使い分けているようだった。

一カ月の勾留が終わってルイが帰ってくる日、「どきどきする」と京香はいっていた。それでも、ルイが帰ってきた翌日のメールには、「だれ、このおっさん？　くらい汚かった（怒）」と報告があった。

二〇一五年のおおみそかに、京香のフェイスブックにアップされた一年間の思い出の動画には、ルイと紫音と出かけた場所、友だちの双子の赤ちゃんと京香が遊びに行っている写真、京香のおなかが徐々に大きくなる様子、紫音とルイがくっついて一緒に眠っている姿、産まれたての赤ちゃんを抱いている京香と私の写真などがならんでいた。

最後の写真は、勾留から帰ってきた日に、椅子の上であぐらをかいて、焼き肉を食べているルイの全身の姿を撮った写真だった。留置所で会うときは上半身しか見えないから、こうやって家を背景にして、身体全体が見えるっていうのが京香は嬉しかったんだろうなぁと思って写真を見ていたら、ゆっくりと遅れてテロップがあらわれて、そこには「バカ男！　今度やったら、絶対殺す!!!」と書かれていた。

それは、ルイを許すということだ。これからもふたりで暮らしていこうという、京香からのラブレターが一般公開されたということなのだろう。

赤ちゃんが生まれてからも、ふたりは入籍しなかった。京香は、結婚にあんまりメリットなくない？　と話していた。それなら生活も大変だから、児童扶養手当をちゃんともらったほうがいいよと話したけれど、京香は、民生委員に会うのが嫌だといい、申請もしなかった。

朝になると、ルイが紫音を送ってからスタジオに行き、京香が家のことをしながら赤ちゃんの面倒を見ている。スタジオは家のすぐ近くにあって、来たかったらいつでもおいでとルイは京香に話している。

洗濯物を一切残さないで眠る主義の京香が、お酒を飲みながら最後の洗濯をはじめるころ、ルイが仕事から帰ってくる。仕事から帰ってきたルイは、赤ちゃんをずっと抱っこしているので、赤ちゃんにはすっかり抱き癖がついてしまっている。

客のいない週末は、四人で近くの公園に出かけたあと、少し遠出をしてご飯を食べに行くようにもなっている。

ふたりは、子どもの一〇〇日記念の写真を撮りに、スタジオに行った。写真と一緒に立てる命名札に、赤ちゃんの苗字をどう書きますかと聞かれ、その場でふたりは相談して、どちらの子どもでもあるから、ふたりの苗字を記名した命名札をつくってもらった。

そうやって相談しながら仲良く暮らしているかと思うと、ふたりはしょっちゅう喧嘩をしていて、ルイからは、「京香はなんでもできるのに、夜の仕事しかできないといっている」と愚痴をこぼされたり、京香からは、「ルイが酔っ払って、駐車場に眠っていた！　もう別れる！　キャバクラ戻る！」という連絡がきたりする。

私は、「十分彫ったら、夜しかできないさー、だから七分にしとけっていったさー」と、刺青を彫った張本人のルイを責めたり、「別れる別れないは別にして、キャバ戻って、お金は貯めておいたら」と京香を煽《あお》ったりしている。

最近の京香のフェイスブックには、「洗濯おわったよー布団も全部ほしたー」と、シーツがはためく写真がアップされていて、「今日、新しい柔軟剤を試したから、超楽しみ」と書かれていた。

たぶんこれからも、ふたりにはいろいろあると思う。でも新しい家族と、柔軟剤の香りのするシーツの上で眠る日々は、京香がようやくつくりあげた日常だと私は思う。だから、青空の下ではためくシーツの写真を見ると、私はやっぱり泣いてしまう。

さがさないよ　さようなら

春菜《はるな》が車の助手席に乗り込んだとき、ふんわり音がするような感じがした。車を出して、「ここ、左でいい？」と家の方角を尋ねると、助手席にすとんとおさまった春菜は、もうくつろいだような顔をして「うん、左」といった。

インタビューが終わってからは、たいていそのひとの暮らす家まで車で送っていた。帰り道の車内から街なみを見ていると、この景色のなかで大きくなったんだと、その直前まで語られていた話に納得することがあった。そして子どものころの景色のなかでは時間が戻るのか、あらためて語りなおされる話もあった。

ある時期から、車内で話されることに集中したくてICレコーダーをまわしてもいいか尋ね、店でのインタビューが終わってからも録音を続けるようになった。だから春菜とのインタビューも、そんなふうに車で話したことが録音されている。

春菜は、一五歳のときに家を出てから四年間、客の車に乗ってどこかのホテルに出かけてセックスをする日々を送っていた。春菜はそうやってお金を稼ぎ、恋人の和樹《かずき》と一緒に暮らしてきた。半年前に和樹と別れて自分の家に帰ってから、春菜はいままでとはちがう仕事をはじめていた。

あらためて録音を聞き返すと、車に乗り込むまでのなめらかさに、春菜のこれまでの暮らしがうかがえるように思う。

ああそうか。四年間、途切れることなく客をとる日々とは、こうやって知らないひとの車に乗り込んで、そのひとの目の前でくつろいでいるような顔をして、その実、相手のほうをリラックスさせる日々だったことを了解する。

雨を弾くワイパーの音のなかで、もう少し話していたくなって、「少し遠回りしてもいい？」と尋ねたのは私で、「いいよー」と柔らかく答えているのはやっぱり春菜のほうだ。

ヘッドフォンのなかの春菜は、いまも優しい声で話している。

＊

初めて春菜に会った日は、小雨が降っていた。

待ち合わせした駐車場で春菜に、インタビューの前にご飯食べない、どこがいい？と尋ねると、春菜は、どこでもいいですよといった。それから近くの店に入ったら、春菜はあまり高くない料理を注文して、小さなサイズの飲み物を注文した。

ご飯を食べながら、どこでインタビューしようかな、カラオケボックスはどう？と、春菜に尋ねると、やっぱり春菜は、どこでもいいですよといった。

柔らかいクッションみたいなかんじ、ちょうどそんなかんじ。だから、今日のインタビューはうまくいかないかもしれないなぁとぼんやり考えた。こういうやりとりをするときって居心地はいいけれど、インタビューはするりと抜けてしまうことがある。

それでもご飯を食べ終わって席を立ち上がるときに、カラオケボックスにしようかな、まわりが気になるんじゃない？　と春菜にいうと、今度は春菜のほうも、うんうん、いいですねと答えた。それを聞いて、春菜は今日、話そうと思ってやってきているんだとわかって少しだけ驚く。それから、相手の決定を引き出すような柔らかい応答の仕方が、この子の持ち味なんだなと思いかえす。

音のもれないカラオケボックスに入るとすぐに、春菜は自分のこれまでの生活のことを話しはじめた。なぜ自分は一五歳のときに家出をしたのか、それから四年間、どう過ごしてきたのか。その日、私が春菜に尋ねたのは、四年間の生活や仕事の話だった。でも語られていたのは、何度も家族が変わるなかで暮らしていた女の子が、自分の「おうち」にいられなくなって、ひとりでそこを出て行って、恋人と一緒に生活するために「援助交際」をし続けて、そしてもう一度自分の「おうち」に帰っていった話だった。

＊

春菜は、場所を転々としながら暮らしてきた。春菜がそうやって暮らしてきたのには理由がある。子どものころから大人の都合で家族が何度も変わり、思春期になってからは、友だちや恋人と暮らしてきたからだ。

春菜が生まれてすぐに、春菜の両親は別れることになり、春菜の兄は父親に、春菜は母親に引き取られることが決まった。

春菜の父親は養育費を送り続ける約束をして、ふたりは離婚し、春菜の母親は、自分の実家がある東京に春菜を連れて帰った。だが東京に連れて行かれた春菜は、何週間も夜間保育所に放置されるなどして育ち、やがて父親との連絡は途切れてしまった。

春菜と父親がふたたびつながったのは、春菜の小学校の入学の手続きのために、春菜の祖母が父親に連絡をとったときだ。そのころ春菜は、祖母の家に住んでいた。

たぶん、小学校あがる前で、この、なんか連絡みたいのが来るっていって。そのときおばあちゃんの家にいて、おばあちゃんがお父さんに連絡して。おばあちゃんが、「春菜が、こんな、こんななんだけど、小学校の入学手続きがあるんだけど」っていって、「お母さん、いま、旅行でいないわけさー」みたいな。お父さんこれ聞いてブチ切れて。たぶん、そのとき自分、東京にいたんじゃないかな、東京まで探しに来て（中略）。

——春菜はひとりでいたわけ？

ひとりでおばあちゃんのところに行かされて。

——東京のおばあちゃんのところに行かされて。

そうそうそう。でも（おばあちゃんは）仕事とかでいないから。自分が小さいときは。

——そうか、東京にいるおばあちゃんがお父さんに連絡をくれたんだけど。

そうそうそう。

——お父さんもそれ聞いて、置いとけないっていって、探しに来たけど、住所が結局。

もう、団地ってことしか、わからなくて。

春菜の父親は、その連絡を受けて初めて、春菜が母親とは暮らしていないこと、そしていまは、祖母宅に預けられていることを知った。春菜の父親は、春菜が住んでいる団地の場所を聞き出すと、すぐに祖母の家に向かっている。

夜になって、団地の前までたどりついた春菜の父親は、ひとりで家にいた春菜に電話をして、部屋の番号を聞き出そうとした。でも春菜はまだ幼くて、自分の住んでいる部屋の番号がわからなかった。父親は部屋にいる春菜に指示を出す。

おばあちゃんは夜間の、なんか病院に勤めてたから、夜、いなくて。だれもいなかったわけさ、おうち。だから、電話とか来て……。春菜は覚えてないけど、お父さんがいうには、「この団地のなかから、どうやって探そう」と思って、春菜に電話して、「お父さんだけど、この、電気、チカチカってやってー」みたいな。そして、チカチカーってやったらお父さんが春菜、見つけて迎えに来て。そっから、沖縄にそのまま直《ちょく》で連れてって。

――で、見つけて連れて帰った?

うん、もうこのまま。たぶん、「春菜を置いていたらわからない」って。もう、なんていうの、結局お金とかもいれてたみたい、養育費。でもお母さんが、それを全部自分のことに使ったりとか、パチンコとかに使ってたっていうから。「だから無理」って。「裁判も起こして親権もとった」っていってたから。

暗闇のなか、ついたり消えたりする部屋の明かりを頼りに、父親は春菜を見つけた。春菜の父親は、そのままだれにも会わずに春菜を連れて沖縄に帰った。

沖縄には、父親が再婚して新しくつくっていた家族が待っていた。春菜には突然、お父さんと新しいお母さん、そしてお兄ちゃんと妹ができた。春菜は、新しくできた二番目の母親のことを「マーマー」と呼んで、なつくようになる。

でもそれから六年後、春菜の家族はまたばらばらになった。金銭的な問題で父親がマーマーを何度もなぐり、なぐられたマーマーはその暴力に耐えかねて離婚を決めた。子どもたち三人は、全員、別々の家に暮らすことになった。春菜の兄は父方の祖父母宅へ、春菜はお父さん宅へ、そして春菜の妹は、マーマーに引き取られた。

離婚して別々に暮らすようになってからも、春菜はマーマーと妹の暮らす家に通い続けた。学校が終わるとバスに乗って、マーマーの家に行く。そして夕方、バスに乗って、いままでみんなで暮らしていた家に春菜はひとりで帰っていく。

春菜が中学生になったころ、春菜の家族はまた変わった。春菜の父親は新しい恋人を家に連れてきて、このひとと一緒に暮らすことになったと春菜に告げた。しばらくして春菜の父親は、東京に単身で出稼ぎに行くことになり、父親の恋人と春菜が一緒に暮らすようになった。

お父さんやマーマーやお兄ちゃんや妹と一緒に暮らしていたその家で、春菜は知らない女性とふたりきりで暮らすことになった。中学時代のその生活を、春菜は「最悪に近いことだった」と話している。

＊

一四歳のときに、春菜に初めて恋人ができた。年上の恋人は、バイクでどこかに連れ出してくれたし、恋人の家は、春菜がいつまでもいることができる場所だった。だがそれが父親の恋人との喧嘩の火種となってしまう。それからは、春菜がすることすべてが、東京にいる父親につつぬけになる。

その後、春菜は自分の恋人と別れることになった。恋人と別れたこの時期、春菜はご飯を食べることもできなくなり、ずっと泣きながら過ごしている。春菜にとってその失恋は、自分の居場所が、もうどこにもないと感じられるほどの喪失感だった。

それでも自分の家にいることができない春菜は、インターネットの掲示板「中狂連合」を使って、自分を家から連れ出してくれるひとを求めるようになる。

このときもう、最初に付き合ってたひとがめっちゃ好きで、フラれて。もうなんか、「どうでもいいや」ってかんじで、結構遊びまわってたわけ（中略）。

――その遊びまくってた仲間っていうのも、なんか隣の中学の、とか？

ううん、じゃなかった。「中狂（連合）」でアシカメー（＝足代わりをつかまえる）。（中略）

――そのときは別に怖くなかった？

怖くなかった。「別にどうでもいいよ」みたいな。

――最初の彼氏さんと別れたのが、もう。

やばかった。もう、やばかった。一ヵ月……約一ヵ月ぐらいご飯もまともに食べられなかったし、毎日泣いてて（中略）。別れたとき、もう自分がちょっと精神的に食らいすぎて、「毎日、大丈夫ねー？」とかだったけど、ふと立ち直って遊びはじめたときは、ただ「元気になったんだ」と、思っただけだったと思う。「自分はもう別にだれでもいいよ、もう、遊ぼう、はいー」みたいなかんじだったから。

——別に（悲しみが）終わったってかんじでもなく。元気になってるわけでもなく。

うん。「どうでもいいよねー」みたいな。

＊

春菜はただ、自分を家から連れ出してくれるひとを求めた。そして、自分を連れ出してくれたひとに求められると、セックスをした。

春菜がインターネットで探した年上の男性たちと会っていたころ、ときどき遊んでいたひとつ年上の和樹から、春菜は「援助交際」をすすめられるようになった。和樹はインターネットの掲示板に女性のふりをして客をつのり、売春を成立させる「打ち子」をしてお金を稼いでいた。春菜は、客とセックスをしてお金をもらうことは怖いことだと感じていたので、その話を断わった。すると和樹は、客のなかにはセックスをする目的以外の客もいると説明し、口を使って射精させるという「Fオンリー」の客を春菜に紹介した。春菜は客に会う。

――歳は何歳？　オッサン系？

でも三〇。三〇半ばとかそのぐらい。

――ふーん。最初とかって怖いし、話とかも難しくなかった？

怖かった。会うまでは怖かった。だけどたぶん、いいひとだったんだと思う。しゃべってても別に嫌なかんじじゃなかったから。でもやっぱり、「歳いくつ？」とか聞かれるから。

――絶対いうね！

絶対、だーる（＝そうだ）から。だから自分の頭のなかではこの西暦と干支《えと》とか、こんなの全部、頭にインプットして。

――一八歳に設定？

自分、一九でいってました。一九設定で。

――で、和樹は、客を見つけるときに、ほんとうにもうじゃあ、一九設定で？

うん、全部全部。このサイト自体がやっぱり一八歳以上ってなってる。けどやっぱり未成年とか、いっぱいいるから。中学生とか、いま、普通にいるっていうから。

客の車を降りたあと、客からもらったお金を確かめると、最初の条件だった七〇〇〇円に加えて、五〇〇〇円のチップが入っていた。

そのお金を手にしたとき、これで家を出ることができると春菜は思った。もしもひとりでお金を稼げるのならば、お父さんが勝手に連れてきた恋人と暮らす必要はない。

そして春菜は、父親と大げんかをする。


お父さんの彼女と喧嘩したときに、なんか自分からしたらそのときは、彼女は、「アカの他人なのに、なんで、あんたにいわれなきゃいけないの?」っていって。で、お父さんに電話して。「おまえ、何がしたい?」っていわれて。「別に何もしたくない!」っていって。「お父さんの人生のなかで、春菜がこうやって生まれてきたから、お父さん、こんなして、春菜が沖縄にいるから生活しないといけないと思って、仕事してるんでしょう?」って。「嫌々ながら、いつも内地に行くさ」っていって。「だったら、春菜があなたの人生のなかから消えた方が、気が楽になるんじゃない?」っていって。「そしたら春菜のことも考えないでいいし、別に彼女のことだけ考えて、沖縄で仕事したらいいさ」っていって。「だから、いままでごめん、心配とか苦労かけてごめんなさい。だからもういいよ、バイバイ」っていって、ぶちって電話、切って。

父親との電話のあと、春菜は家を飛び出した。

*

それから春菜は、客とセックスをしてお金をもらう生活をはじめる。ひとりで生活していかなくてはならないのだから、もう客を選り好みすることはできない。

春菜が家出をすると、近所に住む春菜の友だちの薫《かおる》も家出した。春菜と薫はどこか住む場所がないか和樹に相談し、和樹は格安で借りることのできる民宿をふたりに紹介してくれた。その民宿は出入りも自由で、まだ一五歳の春菜と薫がそこに住んでいる理由を詮索されることもなかった。春菜と薫は、和樹の紹介する客と定期的に会うようになる。

そんな生活がはじまってからしばらくして、春菜は和樹のことをだんだん意識するようになっていく。

やっぱり一緒にいたらっていうか、最初、和樹の友だちと付き合ってたけど、なんかこのひとにフラれて、っていうか別れて。薫とか一緒に遊んでた友だちが、「和樹、いいんじゃない?」みたいな。

――いわれたんだ？

なんかいわれたら、人間って意識してしまうから。和樹だけ、ずっと見てて。「あ、好きなのかな、これってー」みたいな。

――あはは（笑）。

っていうのが（笑）、たぶん一、二ヵ月くらい、ぷーらぷーらしてて（＝揺れて）、気持ちが。

――うん。うーん。

うん、で、ショッピングモールで遊んでて。この薫に、「どうすればいいのかな？」みたいな。「この気持ちいうべき？」みたいな。で、「春菜、もうとりあえずメールでいうから帰ろうねー」って（薫に）いって。で、帰ってメールで。そのときかーずって呼んでたから。「かーずあのさー」みたいな。「話があるんだけど」「なあに？」、みたいな。「春菜、好きだわけ」、みたいな。「つきあってー」みたいなこといったら、「ごめん、いま忙しいからあとから連絡する」みたいな。

――うふふふ（笑）。

ああー、みたいな。「ああ、フラれた、いいやー」と思ったら、ちょうど一二時ぴったしに、「さっきのあれ、返事ＯＫだよー」、みたいな。「なんでじゃあ、あのときＯＫってすぐいわなかったの？」っていったら、「記念日の数字が四っていうのが嫌だったから」って。

――あはは（笑）、かわいいー。ちょっとかわいいー。

あ、かわいい、こいつーとかって思って（笑）。

――好きだったらそれではまるよね、なんかね。キュンキュンーってね。

うん。

――嫌いだったらどうでもいいんだけどね（笑）。

たぶん、春菜の行動的にも気づいてたんだと思う、たぶん。「おまえ、そろそろだぜー」みたいな（笑）、まわりにいわれてて（中略）。

――で、このときが何歳？

このときまだ一五歳。やっぱりなんていうのかな。この歳の時期って、そこまで毎日一緒にいるっていうのないから。だけど和樹、高校もまともに行ってなかったから、自分たちがこの民宿にいたら、学校抜けて民宿に来て、一緒に寝てとか、遊びに行ってとか。だから自分がどんどん麻痺してって。「和樹大好き、和樹大好き」みたいな。

――うーん。でも長いね。そこからね。

うん。長かった。

——何年ぐらいになる？

今月で、ほんとうだったら、付き合ってたら五年だったから。

——あ、そっか。

うーん。………でも、いっぱい経験した。和樹といたら。

——楽しいことから、つらいことから、頭にくることまで？

うん、うん。全部。

春菜は和樹と一緒にいるときに、すべての感情を体験したのだと話す。まだ二〇歳の春菜が経験した、「全部」とはなんだろうか。

＊

春菜たちのいう「援助交際」とは次のようなものだ。まず和樹がインターネットで客を探し、春菜か薫のどちらかが客と落ちあい、近くのラブホテルに出かける。そこで客とセックスをし、また同じ場所まで客の車で送ってもらう。

——（待ち合わせ）場所にも（和樹が）連れてったの？

場所はもう、（客を）探してる場所付近、目立たないところで。

——ああ、ひとりでじゃあ、一対一で待ち合わせするんだ。

うん、待ち合わせして。どんな車かっていうのを聞いて。

——相手の車に乗るんだ。

うん。

――場所はどこだったの？

最初のころはMのほうでやってた。

――で、Aのホテル？

ああ、でもバラバラ。ホテルDとかホテルKとか。もう、ひとに合わせてたから。やっぱりきれいなところがいいっていうひともいるし、安いところがいいっていうひともいるから。

――「どこでもいいよー」っていって。

うん、そうそう。

――それは「任せるよー」ってかんじか、そうかそうか。

だから条件に合わせて。でも、ホテル代込みの二万とかって、自分は多くとりたいから、安くて、またきれいなところに行ったりとか。そんなのだったから。

春菜たちが客とセックスするという「援助交際」で設定した金額は、一万五〇〇〇円か、ホテル代込みで二万円という沖縄では相場とされる値段だった。使用していたホテルの休憩料金は、三〇〇〇円か三五〇〇円だったので、ホテル代込みのほうが少しだけ春菜の取り分が多くなった。

仕事は順調だった。でも春菜はこの時期、発作のように泣きじゃくってしまうことがあったと話している。

この薫っていう子と一緒にいたときも、急にこんなの（＝パニック）があって、もう、息ができないぐらい泣きじゃくってた時期があって。（中略）あのとき、「仕事は仕事！」（ってわりきっていた）、でもつらかったし。

父親から、連絡をもらうことはなかった。でもときどき、二番目のお母さんであるマーマーからは電話がかかってきた。話をすると電話口で泣いてしまう春菜を、マーマーは車で迎えに来て、自分の家に連れて帰ってくれた。でも春菜にとって、マーマーの家は自分の帰りたいおうちではない。お母さんと妹が寝静まった真夜中になると、春菜はひとりで家を出て、薫の待つ民宿に戻っていった。

たまーに、自分のマーマーとかに、家に引き戻されてた。何回か。………二、三回ぐらい。

――電話、かかってくるの？

電話かかってきて、やっぱり、話してたら泣いてしまうから。マーマーが「じゃあ迎えに来るよ」って、迎えに来て。でも、迎えに来てもらったことに安心感覚えて、ふぅって（楽に）なって。「あっ、やっぱいいや」ってなって。それで、マーマーなんかが、寝てるときに、家の鍵閉めて、荷物だけもって、パーって出て行って、また薫のところに戻っていって。「ただいまー」みたいな。………薫は「大丈夫？」みたいな。「全然、大丈夫」みたいな。「いつものこと」、みたいな。

この時期、春菜が客と落ちあっていたお店やラブホテルは、春菜の家から数キロ程度の距離にある。息ができないほど泣きじゃくっていたこのころ、春菜は家出してきた自宅付近で仕事をし続けていたことになる。その春菜を父親は探しに来ない。春菜もまた、自分では、家に帰ることができない。

＊

四年間仕事を続けて、その仕事に慣れてはきたけれど、仕事をすることのつらさがなくなることはなかったと春菜は話している。

ひとつには、いつか客から暴行されるのではないかという怖さがあった。

ホテルでセックスをするという条件で待ち合わせたにもかかわらず、客のなかには自分の住む家に春菜を勝手に連れて行くひとがいた。客の家に行き、セックスをするということは、部屋にあらかじめ盗撮カメラがしかけられている可能性があったり、複数の人間が自宅に待ち伏せしていて、集団レイプに遭う危険性が高くなる。だから春菜は、客の家に行くことを断わっていたが、それでも車に乗せられて、気がついたら客の家だったこともあったという。

このとき、お客さんのお家とか行ったことなかったから怖くて。なんていうの、

「外でちょっと煙草吸ってこようね」っていって、自分の手にもってたの、煙草とか携帯とかだけだから、もって外に出てって。和樹に電話して、「これ、やばいよね？　帰ったほうがいいよね？」っていって。そのままバーってお家から出て行って。

そのときは、機転を利かせて客の家から逃げることができた。だがその直後に、春菜はホテルで客から暴行を受けてしまう。

お客さんと会って、ホテルに向かったら、ホテル入った瞬間に、「トイレ行く」って、相手に背中向けた瞬間に、思いっきり髪の毛、引っ張られたんですよ。

――わ、怖い！

「わぁ、何が起きてるんだろー」と思って、で、引っ張られてベッドまで連れて行かされて、なぐりかかられそうなって、でも、必死で抵抗して、蹴ったり蹴飛ばしたりしてて、そしたら相手あきらめて。なんかたぶんＤＶのケはあったみたいで（中略）。「とりあえず帰して」、っていって、ホテルから出たら、いきなり手握ってきて、「ほんとにごめん、こんな思いさせないから、もう一回ホテルに戻ろう」っていわれて。そんなの信用できないから、「とりあえず、ここでいいから降ろして」って。

客から暴行を受けたあと、なんとか外へ出ることができた春菜は、米軍基地のフェンスに囲まれた深夜の路上で車から降ろされる。そしてたまたま通りがかったタクシーを拾い、ひとりで民宿まで帰っていった。

この事件のあと、春菜は客をとることが怖くなってしまった。だが、和樹は仕事をやめろといわない。春菜は薫と相談し、客一名に女性二名がついてセックスをする、「3P」という形態で客をとることにした。もしも客が暴力をふるおうとしても、ふたり一緒ならば抵抗することもできるし、最悪の場合、ひとりはそこから逃げることができる。そうすればいまよりも安全に仕事ができる。

それからは、ふたりで客と会うようになった。ホテルでは客とそれぞれセックスをして、また元の場所まで送ってもらう。薫と一緒だと、盗撮の確認や、ホテルの施錠の確認がはるかにたやすくなった。春菜たちは以前よりも安全に働くことができるようになった。

だが、春菜の感じていた仕事のつらさとは、客から暴力を受ける危険性だけではないように私には思えた。春菜は、発作のように泣いてしまうことが相変わらずあったし、目の前に客がいるのにすっぽかして帰ることがあったと話している。

——どんなのかな。……やっぱり仕事つらかったの？

これがとっても激しかった。つらいときと別に楽なときと。

——これは、客次第とかではなくて？

自分の気持ち次第、とっても。嫌な客にあたってても、嫌な客にあたったとしたら自分のなかでは、早く終わらせて早く帰ればいいんだっていうのがあったから。よかったんだけど。気分が嫌なときはどんだけいいひとにあたってても、もう一分一秒がとっても長く感じる。

——ふーん。もう話もしたくない？

うん、話もしたくないし。なんかもう、ひとりでここからいなくなりたいけど。

——逃げたりはしなかったの？

もう、しなかったけど。待ち合わせのときにほんとうに嫌だったら、もう駐車場の隅っこに隠れて、「いないよ」とか。目の前に（客が）いるけど、和樹に（電話をかけて）「いないよー」とか。「ああ、これ、なんていうの、サクラじゃん？」みたいな。車の下に隠れて、「サクラじゃん」とかいって。

春菜は、仕事をするのがつらいことが何度もあったと話した。でも私は、そのつらさがなんであったのか、それ以上、春菜に尋ねることができなかった。春菜の得たお金は、春菜と和樹が生活するためのお金だから、仕事をやめるという選択肢が春菜にはない。客と会ったあと春菜が泣いていても、和樹はその理由を尋ねない。客に暴行された春菜がひとりで民宿まで帰ってきても、和樹は仕事をやめろとはいわない。そうした和樹の行動をなじり、和樹と別れたとしても、春菜には帰る家がない。春菜はどこにも行けないなかで仕事を続けていた。

春菜のつらさは、幾重《いくえ》にも重なっているように私には見えた。

だが次第に春菜は、和樹が自分のお金をあてにして生活することに、苛立ちを覚えるようになる。春菜が一七歳のころ、春菜と和樹は友だちも一緒に、九州に「出稼ぎ」に出かけ、春菜は毎日数人の客をとって、一五〇万円ものお金を貯めて沖縄に帰ってきた。一五〇万円というお金は、一万五〇〇〇円で客をとっていた春菜が、ざっと一〇〇人の客をとった計算になる。出稼ぎ期間中の生活費もすべて、春菜が払っていたわけだから、それより多い数の客をとって、春菜は毎日、仕事をしていたはずだ。

だが和樹はそのお金の一部を自分の母親に貸してしまう。さらに和樹は、残りのお金で免許をとり、自分の車を購入した。一五〇万円あった貯金は、あっという間に二〇万円程度になってしまう。また、これをさかいに、お金を管理していた和樹の浪費もはじまる。

＊

このお金一五〇万ぐらい貯めて帰ってきたときに、結局、（沖縄に）帰る前に自分はやりたいことといっぱいあるから、ひとり、いくらいくらって決めて、一〇万、一〇万ぐらいねって。自分、美容室行って買い物して、バーって行って帰ってきて。「別に、もう仕事しなくていいや」ってなるから、お金あるから。あぁーって遊んでたら、「どこ行きたい?」「暇だねー」「百スロ行く?」別にいくら使おうが、「あっふーん(=気にしない)」みたいな。と、思ってたら、和樹、自練(=自動車教習場)行かして、車買って、ってやってたら、「なんでこんなお金がなくなる?」みたいな。………でも後々、和樹のお金の管理が適当になってきて。もうなんか自分がやりたいって思ったら、「ねえ春菜」、みたいなかんじだったから……。

和樹は自分のしたいことがあるとすぐに、客とセックスをするよう促すようになる。春菜はそれに応じつつ、和樹にも働くように話した。それでも和樹はなかなか仕事につかない。この時期、春菜と和樹のあいだでは深刻な諍《いさか》いが増えた。

春菜が一八歳になったころ、和樹はようやく、ホストクラブで働くようになった。しかし今度はそれによって、夜、和樹は不在となり春菜は、家にひとりで待たされるようになる。和樹と春菜の諍いは続いた。

春菜は、和樹に昼の仕事に移ってほしいと何度も話し、和樹は昼の仕事をはじめた。だが、和樹の給料が支払われるまでの一カ月は生活するためのお金がなかったので、結局、春菜が仕事を続けることになった。そのとき春菜は、自分が普段「生活費」として和樹にあげているお金の総額を確認しようと思いつき、家計簿をつけはじめた。

去年、和樹が（昼の）仕事しはじめたのが、ちゃんと仕事しはじめたのが、六月くらいで。それまでずっと喧嘩してたんですよ。この仕事就くまでのあいだ、夜の仕事してたけど、自分からしたら、（夜、家に）いないのが嫌だったんですよ。だけど、結局仕事しないとお金が出てこない、で、それをとめるってなったら自分がガマンしないといけないのかな、それも嫌で。で、喧嘩してて、で、「おまえもういい加減、昼の仕事しれば？」っていったんです。「女にばっか頼ってないで」っていって。で、仕事しはじめて。で、和樹の実家からも出たんですよ。和樹のいとこのアパートに移って。でも結局、和樹が仕事しても給料が入るの一カ月後じゃないですか？　それでまた結局、自分が毎日仕事して。で、やっぱり一緒に住んで、ふたりで住んでいくっていう気持ちだったから、そのときは、全部、この、家計簿とかつけてたんですよ。そしたら、和樹が、仕事、給料もらうまでのあいだに、四〇万くらい使ったんですよ。

――なんで？

結局、もの（＝フィギュア）とか、全部集めたりとかしたりしてて、なんか気づいたらそれぐらい使ってて。

――家計簿つけてるからわかったんだね、ちゃんとね。

もう、もうエグい金額なってて、やばいなーと思って。

生活費という名目で、和樹が使う一ヵ月のお金の総額が四〇万円近くになることを知った春菜は、愕然《がくぜん》とした。確かにアパートの代金は和樹が自分のいとこに支払っていたが、それはせいぜい数万円程度に過ぎない。和樹は、自分が働いて得たお金はすべて貯金すると話していたが、その貯金も増えていない。春菜はそれに対していらついた。

昼の仕事してるのに、結局、貯金するっていって、自分のお金（＝春菜が稼いだお金）を生活費にまわしてとかだったから、なんか、「んー？」って思って

――和樹が稼いだお金は、和樹が自分のお金として貯金してるってこと？

うーん、ふたりの貯金ではあって。（その貯金で）自分に自練（＝自動車教習場）通わすためとか、アパート借りるってだったけど、（でも）そこまで貯まらなくて。結局、半年くらいで出て行く約束が、一年ぐらいいて、（いとこの）アパートに。それでも全然お金が貯まらなくて、それに対してとかも、いらついてて。

ちょうどそのころ、春菜はマーマーから、自分の店で仕事をしないかという誘いを受ける。給料はそう高くないが、午前一〇時に出勤して午後八時までの勤務という「昼の仕事」であること、マーマーが同じ店にいて仕事を教えてくれることが春菜にとって魅力だった。春菜はすぐに、その仕事をはじめる。

するとまもなく、春菜の父親からも連絡があった。父親の恋人が内地に移動することになったので、家の管理を春菜にお願いできないかという相談だった。春菜の父親は、「一週間に一回とか様子を見に来てもらって、それか、もしよかったら、春菜が住んでもいいよ」と春菜に声をかけた。

春菜はずっと家に帰りたいと思っていた。でも「援助交際」をして生活してきたことをお父さんは知っており、「どうやって顔を合わせていいかわからない」と思い続けていた。でも、だれもいない家ならば、帰ることができる。春菜は、「すぐに帰る」

と返事をした。

そしてこのとき、春菜は和樹と別れることを決意した。春菜が別れ話を切り出すと、和樹は、「どうせ自分のところに戻ってくる」といった。春菜は和樹のいい方に心の底からうんざりして、「和樹をほうりなげた」。

＊

家に帰ってきて、春菜は朝起きて仕事に行き、それから夜まで仕事をするという「普通のことを普通にする生活」をはじめた。

ふたたび会うようになった中学時代の友だちには、家出しているあいだ、ずっとキャバクラで働いていたと説明した。また家に帰ってきてから、すぐに付き合いはじめた男性にも、これまではずっとキャバクラで働いていたと説明した。とはいえ、友だちからキャバクラでの仕事のことを聞かれたり、恋人から自分の母親のスナックに出勤してほしいと頼まれたりするたびに、強い不安を感じていた。

春菜の父親は、普段は内地に出稼ぎに行っていて一緒に暮らしていないが、旧盆には長めの休みをとって、春菜が住んでいる自分の家に帰ってきた。

そのときに、春菜の父親は、「小さいときから、おまえには苦労をかけてごめんな」

と、春菜に謝罪をした。そして春菜が家出していた四年のあいだ、自分が何を考えていたのかという話をした。

なんか、お父さん、酒に酔ったときじゃないと、ほんとに、自分の思ってること、感情を表に出さなくて。で、話してて、で、「そういえばおまえがこうやって家出したとき、小さいときから、探しに、追っかけても追っかけても遠くに行ってしまってた」、っていわれて、そのときはもうお母さんが春菜を連れ回してたから。で、「おまえが家出して、死ぬほど心配で、また、こうやって、捜索願いとか出して、必死で捕まえようとしたけど、この、昔のこと思い出して、また、おまえがどっかに、見えなくなるところに行ってしまったら、余計に嫌だからっていって、追っかけきれなかった」、っていわれて。「でも、こうやって、いま、おまえは目に、目が届くところにいて、俺はほんとに安心だわけさー」、みたいな。泣かれて、いわれて、自分も泣いて。「もう、ほんとに親不孝だな」って思ったし、でも、お父さんこの仕事に関して一切触れてこないから、なんか、逆にイヤ。だけど、うーん、なんか、自分のなかで、たぶん悪いことしたって思ってないんだけど、そのときの環境に合わせて、自分が生き抜く道を探してしまったのがそこだったから悪いだけであって。………だから。

春菜は、いままでやってきた仕事は悪いことではなく、生き抜くためにしたことだと思っていると話した。でも、それをまわりのひとに理解してもらうことは難しいことだと思っていた。というのも、家に帰ってからすぐに付き合うようになった恋人とは、いままでしてきた仕事のことが知られ、それが理由になって別れることになったからだ。

なんか、結局、このときに付き合ってた彼氏には、間違って自爆してしまったんですよ。

――あーそうか。

ちょっとかまかけられて。

――なんていわれたの？

いきなり、「なんか、おまえ、夜の経験あるだろ？」っていわれて、「はあ、何が？」っつってから。「別に、デリヘルとかそういう系じゃん？」っていわれて、とっさにいわれたから、「うん」っていってしまって。「はあ？　あるばー（＝あるのか）？」みたいなって。「あるよー」って。このひとも、「もともとこういうのは好きじゃない」っていわれて。先月ぐらいに別れて、それでも自分のこと、好き好きしてきたのはわかるんだけど、なんか、なんだろう、「バレてしまったら終わり」っていう考えももってるから、いま、とっても。

――そうかー。

なんか……。なんていったらいいかわからない不安。「相手にどう思われる？」とかも、結局、口では「別に」っていうけど、考えてしまうし。このひとが、いま、もし自分を抱いてるってなったら、「どういう気持ちで抱いてるんだろう？」とか思うから。

それでも最近になって、春菜には新しい恋人ができた。
いま春菜は、その恋人に四年間のことを知られないように、隠して付き合っている。
それでも春菜の不安がなくなることはない。

いま、付き合ってるひとはいるけど、簡単にいえば、「自分のすべての過去がばれたときになったら、どう思われるんだろう」っていうのがあって。なんか、偏見するひともいれば、偏見しないひともいるし。でも、偏見されないイコール、自分からしたら、「なんか騙されるんじゃないかな」って（中略）。こういう過去がばれたときになったら、結局、そういうこと毛嫌いするひとは、ほんとに根っからもう嫌うから。もし自分が好きなひとができて、隠し通したとしても、いずれ、ばれるときが来るんじゃないかなって思って（中略）。

――いまさっき、ちょっといってたけど、不安かな？　新しい恋人に知られるのが。不安？

うん。不安、……うん。不安だし、たぶん、ほんとうにいままで付き合って浅いけど、好きって思えるし。なんか、もう、別に偏見されるのはイヤじゃないんだけど、でも、これがばれて、なんか離れていかれるのはもう、自分から離れるイコール、「こういうのが無理だから」っていう。なんだろう。「汚い」って思われるから、まわりからしたら、わからないひとからしたら。

春菜は、自分の過去の生活を知られてしまい、別れることになる不安を抱いていた。その一方で、もしも自分の過去の生活をすべて知っても相手が別れないならば、いずれ利用され、騙されてしまうのではないかという不安も抱いていた。それはどちらにしても、自分が受け入れられることはない、という不安だ。

こうした不安を抱くなか、春菜は和樹と連絡を断つことができずにいた。最近も和樹から、「お互い落ち着いたときに、おまえが戻ってきたいんだったら戻ってこい。俺はおまえ以外にほかの女好きになれないし」というメッセージを受け取ったばかりだった。春菜は、それに対して、「なんかやっぱり、だめと思ったら、だめですよ」といいながらも、それでも、もしかしたら和樹との関係が戻ることもあるのかもしれないと考えていた。

――いま、付き合ってるひとは、どんなかんじのタイプ？

うーん、なんかね、話してたら、やっぱり、「ソープとか、もう、こういう風俗関係のひとは嫌い」って話になって。でも、和樹と付き合っていたときは、春菜が全部お金出すのが当たり前で、なんていうか、結局、最初は春菜が追っかけて、和樹のこと好きになって、あきらめかけたときに和樹が追ってきて、これの繰り返しで、情で付き合ってた状態で。で、お互いいるのが当たり前、ヤるのが当たり前、これが全部だったから。……でもいまのひとは、最近、知り合って一カ月くらいなんだけど、遊びに行くのとか、ご飯食べに行くのとかも全部お金出してくれる。なんか、それが当たり前なのかもしれないけど、春菜のなかでは、当たり前じゃないことで。嬉しいし、なんか、なんだろう、とっても大事にされてる感ってのがあって。和樹のときとはちがうかんじ。だから、なんか、友だちも「和樹と戻れば」とか、まわりは、「おまえはどうせ戻るよ」とかいうけど、たぶん、戻ったときになったら、春菜のなかでは、「すべてを知ってるひとはこのひとしかいないから、仕方なく戻った」っていう結果になりそう。「いま、好きか」っていわれたら、好きじゃないし。ただ、この四年間でいろんな経験をともにしてきた相手、で終わるから。好きというよりも、戻ったとしたならば、情で、「このひとしかいないんだな、で、このひとにかけるしかないな」っていう気持ちになるなって思ってるから。

もし和樹との関係が戻ることがあったとしても、それは春菜が昔のように和樹を好きだからではないだろう。春菜は仕事をやめて父親の家に帰り、昔の友だちや新しい恋人に、四年間キャバ嬢として働いていたと話して、これまでのことをなかったことにしようとしていた。それでも、恋人に「援助交際」していたことを知られて別れることになり、親密な関係をつくることの難しさを味わっていた。そして、最近付き合いはじめた恋人に「とっても大事にされている」と感じながらも、いままでのことを知られてしまえば、やはり別れることになるのだろうと思っていた。

和樹は四年間、春菜に客とセックスをさせて、そのお金で生活し続けてきた。その和樹との生活をとことん嫌だと思ったときに、春菜は和樹を捨てた。だが、その春菜をだれも受け入れることがないならば、春菜のそばにいることができるのは、すべてを知っている和樹ひとりしかいない。要するに春菜にとって和樹は、最後の保険のようなものなのだろう。だから春菜は、和樹のことを好きではないと思いながらも、和樹を切り捨てることはできない。春菜が和樹を完全に切ることができるのは、春菜が新しい居場所を得たときになるのだろう。それは春菜にとって、幸せなことではないだろうか。

*

インタビューから一カ月後、トランスクリプトの受け渡しと確認のために春菜に会った。

「あの日、話してみてどんな気分になった？」と春菜に尋ねたら、「だれにでも聞いてもらえる話ではないから、話してみてスーッとした」と春菜はいった。そして、帰ってからすぐに眠りについたこと、あの日話した恋人とは、いまも仲良く過ごしていること、そして今夜は恋人の家に泊まる予定だと話した。

その日は、恋人の待つ家に春菜を早く帰してあげようと思ったのに、おしゃべりをしていて、ふと時計を見たらもう夜の一〇時近かった。あわてて会計を済ませ、店の外に出ると雨が降っていた。

雨のなかをドライブして、大通りから一本入った小道で春菜を降ろした。車を降りるときに、「明後日、台風がくるんだって」と春菜はいった。「傘、もってく？」といったら、「大丈夫！」といって、春菜は車を降りると、雨のなかを駆けていった。

ハザードランプをつけたまま、春菜の姿が見えなくなるまで、しばらく車をとめて見ていた。その先には、春菜の恋人のアパートがある。

この前、車のなかで春菜と話した言葉を、私はもう一度反芻《はんすう》する。

春菜は、友だちや恋人に知られたら、「汚いって思われる」という不安を繰り返し語った。その春菜に、家出した理由も、そのあと援助交際をして生活してきた理由も、私はよく理解できたといった。そして、そうやってひとりでがんばって生きてきた日々を、いまの恋人に、全部話す必要はないと思うと私はいった。

だけど私が春菜にいわないといけなかったのは、そういうことではなかったはずだ。どこにも行けない子どもに、安心して過ごせる場所をつくりだすことのできなかったこと、一五歳から「援助交際」を続けたことをひとりで引き受けないといけないと思わされていること、それは子どものせいじゃないと、私はそう思っていたはずなのに、それを春菜に伝えることができなかった。私がそう話しても、春菜がそれを納得したわけではないだろう。でもせめて、春菜が安心できる方法を探すためにこれからも相談に乗りたいと思っていること、春菜がこれからやろうと思っていることすべてを、私は支持しようと思っているといってあげたかった。

いつか、春菜にちゃんと伝えようと思いながら、強くなった雨のなか車を出した。

二〇一五年の冬ごろ、春菜のことを書いた。春菜に読んでもらいたくてメールを送ったら、春菜からは返事が返ってこなかった。数日後、電話をかけたら、春菜の電話は解約されていた。あわてて春菜のフェイスブックを確認してみたら、春菜は一年近く前に恋愛の話を一度だけシェアして、あとはもう何も書き込んでいなかった。

春菜と和樹を知るひとに、春菜はどうしている？　とそれとなく尋ねたら、そういえばここしばらく春菜に会っていないなといわれた。私ががっかりしていると、和樹に聞いてみようか？　といってくれた。私はあわてて、それを断わった。

春菜の家も知っている。春菜の働く店も知っている。だからほんとうは、春菜を捜すことはできる。でもそれはやめておこうと私は思っている。

春菜は携帯電話の番号を変えた。そして昔の友だちの前から姿を消した。それはつまり、春菜は、自分の四年間の記憶のすべてを断ち切って生きていくと決めたということなのだろう。

春菜に会えなくなってから、春菜と薫が住んでいた民宿、客と落ち合っていた店の駐車場、客と使っていたラブホテル、客から暴行を受けたあと、ひとり車から降ろされた基地のフェンスに囲まれた無人の交差点を順番にたどった。

車を走らせていると、春菜が客と落ち合っていた駐車場からラブホテルに向かう道の途中で、春菜の家が見えることに気がつく。

移動中の客の車のなかから、春菜は何度も自分の家を眺めたはずだ。あのとき、春菜はだれかに見つけてもらって、おうちに帰りたかったのだろうと思う。春菜は、東京から連れ戻されたあと、マーマーたちと暮らしていた六年間だけは、幸せだったと話していた。
あのころ春菜と一緒に暮らしていたひとは、いまはもうだれもいない。でも春菜は、その家に帰っていった。

あれから春菜がどんな日々を送っているのか私にはもうわからない。記憶を封印して生きる春菜の前には、どんな景色が広がっているのだろう。でも私は、春菜がたどりつきたいと思う場所にたどりついてほしいと思っている。春菜の日々が大丈夫であってほしいと思っている。

# 調査記録（一部、人物の特定を避けるために日時を記載せず）

インタビュー・取材

## キャバ嬢になること

二〇一二年　九月一日（打越正行による単独インタビュー）、九月三日、九月九日、一〇月一一日、一一月一二日（打越正行同席）
二〇一三年　二月二五日（打越正行同席）、三月二八日、五月五日、五月六日、五月二八日、八月八日、八月三一日、一〇月八日、一〇月二〇日（打越正行同席）、一二月一九日
二〇一四年　一月一二日、一月一三日、一月二〇日、一月二七日、二月三日、二月七日、二月二四日、三月二七日、四月二九日、七月一七日、七月二九日、八月一五日、八月二五日、九月二日、九月九日、九月一六日、九月三〇日、一一月二一日
二〇一五年　一月一日、一月一二日（打越正行同席）、一月二二日、二月一七日、二月二四日、二月二七日
二〇一六年　一月二日、四月一三日、七月一一日、一〇月五日、一二月二二日

読み合わせ

二〇一六年　三月一日、三月三〇日

## 記念写真

インタビュー・取材

二〇一二年　八月一五日（美羽）（打越正行同席）、九月一〇日（翼）（打越正行同席）、九月一五日（打越正行同席）

## カバンにドレスをつめこんで

インタビュー・取材　二〇一二年　一一月一九日（芳澤拓也同席）
二〇一六年　八月二〇日、九月二四日
二〇一七年　一月三日

読み合わせ　二〇一六年　九月二四日、九月二六日

## 病院の待合室で

読み合わせ　二〇一六年　六月二九日

## 新しい柔軟剤　新しい家族

インタビュー・取材　二〇一二年　九月三日、九月一三日（打越正行同席）、九月〇日、一〇月〇日、一一月一二日（打越正行同席）、
二〇一三年　二月二五日（打越正行同席）、三月二八日、八月二四日（打越正行同席）
二〇一四年　一〇月九日（打越正行同席）
二〇一五年　九月一〇日、九月一六日（打越正行同席）、一〇月一日、一〇月二日、
一〇月四日（打越正行同席）、一〇月九日、一〇一八日、一〇月二八日（ルイ）、一二月二八日
二〇一六年　一月二日、一月一八日、三月一四日（ルイ）、四月一六日（ルイ）、五月一六日、
六月二〇日、八月二三日、九月一九日、一〇月一日、一〇月九日（京香・ルイ）、一一月〇日（京香・ルイ）

読み合わせ　二〇一六年　九月二一日（京香）、一〇月九日（ルイ）

## さがさないよ　さようなら

インタビュー・取材　二〇一四年　九月四日、一〇月二日（打越正行同席）

# あとがき

この本は、二〇一二年の夏から沖縄ではじめた調査をきっかけに出会った女性たちのうち、キャバクラで勤務していた、あるいは「援助交際」をしながら生活をしていた、一〇代から二〇代の若い女性たちの記録です。

この調査はもともと、風俗業界で働く女性たちの仕事の熟達の過程、生活全体、そして幼少のころからの出来事に注目した聞き取り調査として行われました。しかしそこで聞き取ったお話は、当初、私たちが予想していたよりもはるかにしんどい、幾重《いくえ》にも重なる困難の記録でもありました。

彼女たちは、家族や恋人や男たちから暴力を受けて、生きのびるためにその場所から逃げようとします。オレンジ色の基地特有の光が照らす、米軍基地のフェンスによって分断された無数の街は、彼女たちが見た街です。どこからも助けはやってこない。彼女たちは裸足でそこから逃げるのです。

彼女たちが受けてきた暴力のすさまじさから、今回の調査は、一度だけお会いしてお話を聞かせていただくだけではなく、トランスクリプトを作成して読み合わせをすること、できあがった原稿をいつか彼女たち自身に読んでもらえるようになるまでそばにいることを念頭において行いました。

その理由のひとつは、お会いした彼女たちがあまりにも若く、いまだだなかで起きていることが落ち着くまでどうしても書くことはできないと思ったからです。

そしてもうひとつは、起きてしまったことがらがどんなにしんどいものであったとしても、本人がそれをだれかに語り、生きのびてきた自己の物語として了解することに、私は一筋の希望を見出しているからです。

収録した多くの原稿の、最初の読み手は彼女たち自身です。

彼女たちの馴染みの店や彼女たちの部屋で、目の前で原稿を読みあげているあいだじゅう、懐かしい時間を味わうたくさんのおしゃべりや涙がありました。

あのころはどうすることもできないと思っていたことが、過去の出来事となり、それを懐かしく思い出せることを、いまはただ嬉しく思っています。

暴力や貧困のなかで子どもを育てることは、とかく対岸にいるひとびとからは批判されるものです。でも調査をきっかけにして、当初予定していたよりもずっと多くの時間を彼女たちと過ごすなかで、私もまた、彼女たちと同じような立場に立たされれば、同じように振る舞うのではないかと思っていました。

そのような思いから、本書では大文字の概念枠組みで彼女たちの人生を分析するということではなく、彼女たちの見てきた景色や時間に寄り添いながら、彼女たちの人生をできるだけまとまった「生活史」の形式で記すことを目指しました（岸政彦編集協力『atプラス』二八号、二〇一六年）。

＊

とはいっても、その生活をもう少し引いたアングルでとらえるときに、彼女たちの拠りどころが子どもしかないこと、回帰する場所が家族しかないこと、こんなにもいくつもの困難をひとりで引き受けるしかなかったことを私はよしとしているのではありません。それが示していることは、少ない資源で選ぶ道がそこにしかない、という事実であり、長いあいだ、女性や沖縄の問題が放置されている、日本の現実です。

「母」になることで、かろうじて彼女たちが得た生活の土台が、そのまま子どもの生活の土台となるわけではありません。産み落とされた者の生は、また別様に考えられるべき問題です。必要とされる介入やその根拠となる理論的分析については、また稿をあらためます。

本としてまとめるのは、もう少し先のことだろうと思っていました。でも、沖縄まで何度も足を運んでくださった柴山浩紀さんの熱心な勧めと、原稿に対する丁寧なコメントが、本としてかたちになることを後押ししてくださいました。

原稿ならびに調査記録上で明記していない日時がありますが、彼女たちのブログやSNSなどから私と会っていたことがわかる場合はすべてはぶいたほか、とりわけ特定をさける必要があると考えた事例については、お会いしてきた日時を記載しないことにしました。

なお一冊の本としてまとめるにあたり、この本を手にする彼女たち相互のプライバシーに配慮して、この本にご登場いただいている方の勤務地は、実際には複数の街となっています。

*

彼女たちの近況を少し書きます。

春菜の噂は、すっかり聞かなくなりました。

優歌は最近、ドレスコードが緩く、お酒を飲まないでいいバーで週に二回程度仕事をするようになり、キャバクラの出勤を減らすようになりました。

翼は予定どおりキャバクラをやめて、その後、結婚したと風の便りで聞きました。

つい先日、京香とルイは入籍の報告をかねて仲良く研究室に遊びに来てくれました。

鈴乃は、新人教育を任されるようになりました。先日いただいた、院内の個人発表が終了したことを知らせるメールには、「やっぱり文通より楽ですね」と書かれていて、笑ってしまいました。

亜矢にこの原稿を読んだのは、彼女の部屋です。自分を責める亜矢に、悪いのは男たちで、亜矢は何も悪くないと私はいってきました。それでもこれまでは、その言葉が文字どおりの意味として、亜矢に了解されることはありませんでした。ただ今回の原稿の読み合わせのとき、ぬいぐるみを抱きながら原稿を読みあげる私の声をじっと聴いていた亜矢に、「亜矢のせいじゃないよ」というと、亜矢は初めて声をあげて泣きました。

私は言葉の力を信じています。いつの日か、亜矢の傷がほんとうに癒える日が来ることを願っています。

家族の寝静まった深夜に起きて、娘が目覚めるまでの数時間が、本を書く時間でした。あらためて音声データを聞き返していた深夜、語られている出来事の数々を彼女たちが身ひとつで引き受けてきた事実に、何度も身がすくむような思いをしました。それでも朝やけの靄《もや》が一面に広がり、鳥が鳴いて朝がやってくると、ああ、どうやっても朝はやってくるのだから、簡単に絶望してはならないと思いました。そしてそれは、彼女たちが仕事を終えて家に帰っていく時刻でもあります。

＊

強姦された方々のために、長く仕事をされている「強姦救援センター・沖縄ＲＥＩＫＯ」の灯火のような活動に、感謝と敬意をこめて、ささやかですがこの本の売上を寄付させていただきます。

私もまた、ここ沖縄で何が起きているのかを記述しながら、多くの方と手をとりあって、子どもたちがゆっくりと大人になれるように、そして早く大人にならなくてはいけなかった子どもたちが、自分を慈《いつく》しみ、いたわることのできるような場所をつくりだしていきたいと思っています。

女の子たちが自分の足で歩こうと切り開く道が、引き受けるに値する相応の困難と、それを克服する喜びに満ちたものであることを願っています。
そして彼女たちのあのさえずるようなおしゃべりや声が、多くのひととかわされ柔らかく広がっていくことを願っています。

朝を待ちながら　上間陽子

# 初出一覧

| | |
|---|---|
| キャバ嬢になること | 『atプラス』二八号 |
| 記念写真 | 書き下ろし |
| カバンにドレスをつめこんで | 書き下ろし |
| 病院の待合室で | 『atプラス』二九号 |
| あたらしい柔軟剤　あたらしい家族 | 書き下ろし |
| さがさないよ　さようなら | 書き下ろし |

上間陽子 うえまようこ

一九七二年、沖縄県生まれ。琉球大学教育学部研究科教授。
専攻は教育学、生活指導の観点から主に非行少年少女の問題を研究。
一九九〇年代後半から二〇一四年にかけて東京で、
以降は沖縄で未成年の少女たちの調査・支援に携わる。
共著に『若者と貧困』(明石書店)。本書が初めての単著となる。

atプラス叢書
16

# 裸足で逃げる 沖縄の夜の街の少女たち

二〇一七年 二月一一日 初版第 一 刷発行
二〇二四年一〇月二三日 第十七刷発行

著者 上間陽子
校正 鷗来堂
発行人 森山裕之
発行所 株式会社太田出版
〒一六〇-八五七一 東京都新宿区愛住町二二 第三山田ビル四階
電話〇三-三三五九-六二六二 FAX〇三-三三五九-〇〇四〇
振替 〇〇一二〇-六-一六二一六六
ホームページhttp://www.ohtabooks.com/
印刷・製本 中央精版印刷株式会社

ISBN978-4-7783-1560-3 C0095 ©Yoko Uema 2017 Printed in Japan
乱丁・落丁はお取替え致します。
本書の一部あるいは全部を無断で利用(コピー)するには、著作権法上の例外を除き、著作権者の許諾が必要です。

atプラス叢書

『可能なる革命』大澤真幸

社会の夢読みとして、変化・解放・革命の可能性の根を探る一四編の論考。多岐にわたる自身の探究の連関と展望を語る終章「革命を待つ動物たち」など、『atプラス』連載に二万字の書き下ろしを加えた。

『国貧論』水野和夫

アベノミクスもマイナス金利も、八割の国民を貧しくする資本主義である。国民の「貧」の原因と性質の研究に焦点を当てた、二一世紀の経済論！

『クルアーンを読む カリフとキリスト』

中田考・橋爪大三郎

クルアーン知らずしてイスラーム理解なし！ イスラームの側からものを見たら、世界はどうみえるのか。日本人のクルアーンの読み方は本書ですべて更新される。

『資本の世界史 資本主義はなぜ危機に陥ってばかりいるのか』

ウルリケ・ヘルマン／猪股和夫(訳)

資本主義を考えるための必読書と絶賛され、各国で翻訳予定のドイツ発ベストセラー待望の邦訳登場！ ドイツの気鋭経済ジャーナリストが歴史から資本主義の輪郭を浮かび上がらせる。

『太った男を殺しますか？ 「トロリー問題」が教えてくれること』

デイヴィッド・エドモンズ／鬼澤忍(訳)

「あるひとを助けるために、別のひとを殺すのは許されるか？」倫理学の思考実験「トロリー問題」の多角的な考察をつうじて、哲学・倫理学がどう道徳的ジレンマと向き合ってきたかを明らかにする。